邏輯學
入門課

劉漠◎著

晨星出版

邏輯可以使我們的思想工具日趨完備和鋒利。我們的思想工具日趨完備和鋒利，我們的批判能力就可加強。這樣一來，我們也許就不易被一切似是而非的推理所迷誤。在我們這個世界上，到處充滿著似是而非的推理，而且是時時不斷地發生的。

阿爾弗雷德・塔斯基
Alfred Tarski

　　邏輯學既是一門科學，也是一門藝術。有人認為邏輯學是抽象的理念及晦澀難懂的哲學體系，故而聽到「邏輯學」這三個字就望而卻步。難道，邏輯學真的只是書本上躺著的理論，只是學者、教授們口中深奧晦澀的語言嗎？

　　這本書想向讀者傳遞的是，邏輯學不僅是一門藝術、學問，也是實實在在充斥在我們生活中的趣味實用法典，更是可以被所有人運用的一門技巧。因為我們做事情之前都需要形成自己的邏輯思考，需要帶著「大腦」去做事、說話，只有這樣，我們所做之事才有意義。

　　生活中處處皆有邏輯，我們日常司空見慣看似無關邏輯的東西，細細思索，其實都逃不出邏輯的範圍。邏輯學作為人們進行思維都能用到的思維工具，儼然滲入我們生活各方面，可以提高我們對問題的思考判斷能力。

　　培根（Francis Bacon）說過：「讀史使人明智，讀詩使人靈秀，數學使人周密，科學使人深刻，倫理學使人莊重，邏輯修辭學使人善辯。」顯而易見，邏輯對一個人的溝通、表達有著至關重要的作用，一個人的邏輯關乎其說出的每一句話是否「得體」。實際上，邏輯學來源於現實，而大師們發現了這套理論的存在和意義，並進行了總結昇華，甚至用這套完整的理論再去指導我們的工作與學習，影響我們的生活。作為一名普

通人，我們可能不會像邏輯學大師那樣對邏輯理論運用自如，但是我們起碼要避免陷入邏輯謬誤，以防被生活欺騙。自己的思考邏輯沒有謬誤，便不會給他人帶來不便；識別他人邏輯謬誤，就能避免自己受到攻擊。因此，邏輯思考是每個人都應該學的一門必需之課。

很多人會認為在邏輯學中，充斥著大量專業術語和頻繁使用的象徵性符號，他們對這些內容十分反感。本書則通過案例與理論相結合，用最簡單、有趣的語言來給讀者進行系統講解。當然要瞭解邏輯學，離不開邏輯基本原理，因為這些基本的原理是打開我們思維的一把鑰匙。文中詳細闡述了邏輯學的四大基本原理，在瞭解邏輯學基本原理之後，我們又對**形式邏輯、邏輯論證思維、歸納推理**的三段論等常用邏輯思考進行闡述。除此之外，**收斂思維、求易思維**等能促使我們的思維達到更高的層次。在生活中，我們也難免會遇到一些邏輯謬誤或者是犯邏輯謬誤。因此，我們對**否定前件謬誤、肯定後件謬誤**等內容做了剖析，避免掉入生活的陷阱。

人是需要成長的，而成長的過程其實就是自我對邏輯思考認知與感知的過程。邏輯學作為一門科學、系統、嚴謹、精彩的學問，足以讓我們具備分辨是非對錯的辨識力、著眼大局的技巧、揭露事物本質的潛能。

既然邏輯思考如此有用，我們要如何練就縝密的思維邏輯呢？其實，現實生活中的邏輯技巧有很多，我們可以利用聯想法，讓思維更加活躍；利用內省法補足缺漏；利用排除法刪掉

錯誤選項等。只要我們在日常生活中，多使用、多總結，便會擁有縝密的邏輯思考，突破邏輯思考的瓶頸。

在瞭解邏輯思考之後，我們會發現，邏輯學不僅會影響我們的思辨能力，還會對我們的情商、智商、逆境商數產生影響。因此可以說，一個偉大的人擁有縝密的邏輯思考能力，而一個不懂邏輯思考的人要想變得偉大則十分困難。我們追求的或許不是「生而偉大」，但必然是「活得有意義」。

作 者
2021年8月

目　次

第三章　邏輯的進階：幫你感知思維的生長與變化

第四章　邏輯的謬誤：別讓生活欺騙了你

第五章 邏輯技巧：練就全方位縝密思維

第六章 邏輯突破：突破博弈邏輯的瓶頸

第七章　邏輯學實際應用：生活的迷魂陣困不住你

附錄 邏輯訓練動動腦

第 一 章

邏輯學基本原理：
打開思維迷宮的大門

01
同一律：
月亮就是月亮，絕對不是太陽或地球

我們在學習同一律之前，不妨先看這樣一個有趣的故事：

　　戰國時期，公孫龍❶騎著一匹英俊的白馬趾高氣揚地想要過函谷關。守衛說：「人可以過關，但是馬不行。」公孫龍說：「可是我並沒有騎馬啊，我騎著的是一匹白馬。」守衛被公孫龍的話弄得一頭霧水，茫然地問道：「難道白馬不是馬？」公孫龍自信地回答說：「白馬是白馬，馬是馬，兩者怎能相同？照你的說法，如果白馬就是馬，那這世間怎會有白馬和馬這兩種不同的說法呢？」要知道馬和白馬的內涵與外延❷可都不一樣呢！大家不妨想想，公孫龍有沒有偷換概念呢？公孫龍自然是沒說「內涵」和「外延」這樣的詞語，畢竟那個時代，還沒有成熟的邏輯學。但仔細斟酌，大家不禁會想，白馬和馬，內涵和外延的確不一樣！公孫龍講得很有道理，但總覺得哪裡不對。

---

❶ 趙國邯鄲（今河北邯鄲）人。「名家」離堅白派的代表人物。「詭辯學」的祖師。為名家代表人物之一。

❷ 每一個概念都包括內涵和外延。內涵指的是概念中所反映的事物的特有屬性，外延指的是具有概念所反映的特有屬性的所有事物。比如「人」這個概念，內涵是「有兩隻腳、兩隻手、會思考的高級哺乳動物」；外延是你、我、他，即「人」的這個種類。內涵增加外延減小。比如「亞洲人」、「中國人」、「湖南人」等。

毋庸置疑，公孫龍的的確確偷換了概念。他所偷換的，不偏不倚地正是「是」這樣一個概念。守衛嘴中「白馬是馬」中的「是」所想表達出的內涵是「屬於」，白馬是「屬於」馬這一種類的範疇。而公孫龍「白馬不是馬」中的「是」所展示出的內涵是「等於」，或者說是「等同」，白馬自然是不能等同於馬，兩者之間不能直接畫上等號。然而，不能否認的是白馬真真切切地屬於馬這個種類。

這是不是很有趣？一個具有強大邏輯思考的人，可以使得溝通變得更加有效。生活中能夠善意地「反用邏輯」，自然可以達成「幽默」的效果；如果是以混淆是非為目的去反用邏輯，則成了「詭辯」。

再舉個例子，介紹一下運用邏輯學如何產生幽默的效果。

你邀請朋友吃飯，朋友問吃什麼，你指著不遠處的路邊攤說要請他吃麻辣燙。

朋友疑惑地問你：「你那麼有錢！居然只請我在路邊吃麻辣燙。」

你說：「我不在路邊請你吃，難道去廁所請你吃嗎？就算我可以，你應該也不願意吧。」

這樣的回答不僅巧妙地化解了原本有些小尷尬的情景，還把話題變得輕鬆幽默。之所以這樣的回答讓我們明顯地感受到這些「幽默」的元素，恰恰正是因為它違背了一般的邏輯，從專業角度來說就是違反了「同一律」。不過這次所偷換的是論題而非概念。朋友想表達出的論題其實是：「麻辣燙好像不應

該是有錢人會去吃的食物」。而你卻巧妙地將論題「偷換」成了「吃麻辣燙應不應該在廁所」。當正處於「不確定性思考」中的大腦中樞，接連不斷地去違反邏輯思考的「同一律」，就會造成概念或者是論題等方面的混淆與偷換而不自知。

那麼，到底怎麼做才是遵從了邏輯思考的同一律？若要理解這個道理，就需要我們明白什麼是同一律。

「同一律」是邏輯學中四大基本定律之一，要求人們能夠自覺地去保持同一思考過程中對概念、判斷、論題的確定性。換言之，就是在同一個思考的過程中，必須在同一的標準上去使用概念與判斷。俗語說，「一是一，二是二」，這些俗語與同一律相契合；也就是我們常說的「張三是張三，李四是李四」，張冠李戴這種事是不能被接受的；再比如李樹是李樹，桃樹是桃樹，「李代桃僵」也是不被允許的。這便構成了人進行思考活動時需要遵循同一律所提出的基本要求。

同一律主要表現在以下三方面：

1.同一的思維物件

我們進行同一思維過程時，思考對象需要時刻保持同一；當我們在討論觀點、回答問題，或者是對他人所提出的意見以及觀點等進行有力反駁的時候，也同樣要求各個方面的思維物件能夠持續保持同一。

2.同一的概念

大腦開始運行同一思維的過程中，我們應把運用到的概念保持同一；不僅如此，當我們進行討論、回答問題或者對其他

提及的意見、觀點等回應、反駁的時候，各方面所運用到的概念也要保持同一性。

3.同一的判斷

同一個主體（可能是一個人或者是一個集體），在同一與其相應的客觀事物能夠處於相對穩定狀態的時間裡，從同一方面作用於同一事物所做出的判斷必須保持同一。**思考的確定性**是同一律的基本要求，但是這並不是否定思考的發展變化。相反，它完全是基於思維過程而說的，並不是單純地去要求客觀事物去保持同一進度而絕對不變。

同一律是思考進行的必要條件之一，每個人都應該尊重並遵守。如果思考問題或者表達自己思想時違背了同一律的相關要求，思想就會變得不明確，容易含混不清。如果我們的思想是不明確或含混不清，其他人自然會感受到模棱兩可、不可捉摸或根本無法理解。這樣的思想還想讓別人接受和信服就有一定的難度了。甚至會鬧出笑話，貽笑大方。

相傳春秋戰國時，鄭縣有一個姓卜的人，他有一條心愛的褲子，可惜這條褲子破了一個大洞，於是他便吩咐妻子給他另外縫製一條新褲子。他的妻子問他新褲子想要什麼樣的，他隨口回答說照原樣做一條即可。沒過幾天，妻子便將新褲子遞到他的手中，可是令他出乎意料的是，妻子做的新褲子跟之前的破褲子一樣，在同樣的位置也有一個洞，顯然是妻子做完褲子後，用剪刀故意剪破的。

為什麼會鬧出這樣的笑話呢？原因就是姓卜的男人在表達思想時，表達得不夠明確。「照原樣做」，我們不僅可以理解成大小、尺寸按原樣做，也可以理解為剪裁照原來的模樣去做。男人的原意是照原來褲子的大小、尺寸去做，而他的妻子卻理解為照原來褲子的剪裁模樣去做，原來的褲子上有破洞，新褲子上當然也該有個破洞。

　　我們的日常生活中很多事其實都是與邏輯緊密聯繫的，充分掌握邏輯知識能夠使我們的行事思路更加清晰明瞭。同一律的掌握以及靈活運用，能夠讓我們的行動正確跟從自己的思想主題，使得我們在生活、工作中找到解決問題的正確方法。同一律這一概念所涵蓋的知識面廣之又廣，它是邏輯學最精深的規律之一，所以對於這一規律的運用定要熟練掌握。

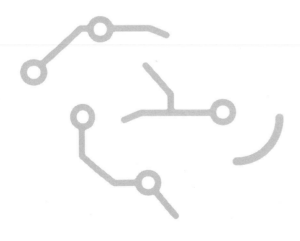

02 矛盾律：兩個互相否定的思想，不可能都對

矛盾律是什麼？我們可能會問。矛盾律也有人把它稱作「無矛盾律」。專業一些的解釋，就是兩個互相否定的思想，不可能都是對的，其中肯定有一個是假的。翻譯成通俗的話，就是：別打臉自己。

如果這樣講，我們還不能清晰地理解矛盾律，可以通過一個小例子來瞭解。

曾經有一個風靡大街小巷的電視廣告語——
今年過節不收禮呀！不收禮呀不收禮！不收禮呀不收禮！收禮只收某某某！

為了達到好的傳播效果，廣告中的「今年過節不收禮」和「收禮只收某某某」，就有明顯的邏輯漏洞。正確的句子應該是「今年過節不收一般禮，收禮只收……」當然，這是廣告商的一種傳播策略，也是為了營造良好的廣告效果。他們考慮的是受眾的情感認知度，而不是邏輯的正確性。

在生活中，邏輯不嚴謹並不一定需要承受嚴重後果，不妨回想一下，我們是不是也經常會說一些自相矛盾的話呢？有的時候，我們明明知道違背了邏輯卻還是這麼用，因為我們希望通過製造「矛盾」的效果，來吸引別人的注意力。即便如此，如果我們從邏輯思考的角度出發，我們至少要「擁有」能夠識別邏輯謬誤的能力。那麼，要怎麼識別呢？

要識別矛盾律就要先瞭解矛盾律的核心觀點是什麼，**即兩個相互否定的思想不可能都對**，一定有一個是假的。比如我們說一個人沒有成功，這並不表明他失敗，只是未成功；未成功是一種狀態，這種狀態可能演變成成功或失敗。再比如，一個人不開心，這不代表他傷心，僅僅是「不開心」，不開心是一種狀態，這種狀態可以過渡為開心，也可以過渡為傷心，但是從目前來看「不開心」只是代表不開心，不能代表傷心，更無法代表將來會「開心」。在生活中，這種狀態有很多，我們要善於去識別這種狀態，具體如何識別，可以從以下幾方面著手：

1.我們要善於識別自相矛盾的概念

在生活中，有一些自相矛盾的概念，不管是從內涵來講，還是從外延來看，都十分清晰，所以一般情況下是不會產生歧義的，我們一眼就能看出來這是自相矛盾的概念。

> 比如：一個不擅畫畫的畫家，在一個風雨交加的晴天，走到一片很大的小水潭邊，開始了他長達一天的短暫創作。

在這句話中，很顯然「不擅畫畫與畫家」「風雨交加與晴天」「很大與小水潭」「長達一天與短暫」，這些都是自相矛盾的，而這種自相矛盾的方法是我們很容易察覺出來的。還有一些則因為概念的不確定性，可能就沒那麼容易被我們看出來了。

比如，我們會聽到有人說：「我會用否定的心態來肯定你」「他是一個悲觀的樂觀主義者」「他是一個不懂浪漫的浪漫主義者」。我們在聽到這些話的時候，會感到這些話自相矛盾嗎？

很多時候，我們聽到這樣的話會覺得這些話非但不自相矛盾，反而「有點道理」。形成這種錯覺的原因就是我們缺乏對矛盾律的準確、全面認知。當然要識別出這些話的問題，就需要我們瞭解這些話語背後的邏輯。如果我們仔細分析會發現，這些話語都充斥著自相矛盾的語言，比如「悲觀」與「樂觀」，「不懂浪漫」與「浪漫主義者」，如果我們能夠識別出前後自相矛盾的語言，便能夠意識到這些話語存在的問題。

2.我們要善於對自相矛盾進行判斷

在一部影片中，主人公說了這樣的一句話：「這個洞穴從來沒有人進去過，進去的人也從來沒有出來過。」

我們聽到類似這樣的話語會有怎樣的感受？很多時候我們無法判斷這種表達是不是自相矛盾，因為這些話語相對複雜，乍聽之下總是讓人感覺很合理，但是仔細分析會發覺，根本沒有合理之處。畢竟「洞穴從來沒有人進去過」表明沒人進去過這個洞穴，而又說「進去的人也從來沒有出來過」，表明有人進去，只是沒有出來，顯然這句話是自相矛盾的。

3.識別悖論

在日常邏輯中，有一個相對特殊的自相矛盾，叫悖論。我們不妨也用例子來進行分析和瞭解。比如「我說的這句話是假的」，這句話是一個比較經典的悖論。「我說的這句話是假的」，如果這句話是假的，那就是真的，如果我說的是真的，那就是假的。你聽了這樣的分析，是不是會感覺一頭霧水？

悖論，說到底就是繞來繞去，我們可以從命題本身的「對」，推理出「錯」，可以從命題本身的「錯」，推理出「對」。因此，悖論是相當有趣的，很多人熱衷於此。比如著名的羅素悖論（Russell's paradox），理髮師說了一句話：「我只給這裡所有不給自己理髮的人理髮。」那麼請推理，理髮師的頭是誰幫他理的？

　　這樣的推理是否會很「燒腦」？矛盾律在生活中被廣泛地使用，是我們先行排除錯誤答案的理論依據。

　　隨著社會日新月異的發展，我們能夠充分瞭解和認知邏輯學背後的規律是十分重要的。因此，我們在面臨實際問題的同時，如果可以去借助矛盾律的邏輯，然後進一步地進行分析，以便能夠用最快的速度來突破困難，從而能夠尋覓到最為正確的答案。

　　相反，如果我們違背了矛盾律，那麼我們的思想和行為很可能會出現自相矛盾的現象。因此，要成為一個善於進行邏輯分析的人，就要善於利用最基本的邏輯學規律，將這些規律運用到我們的日常生活中，從事物中分辨出真與假，從而排除假的存在，達到自己的目的。

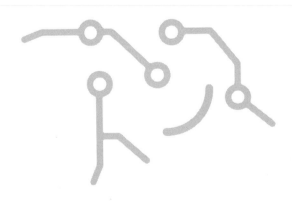

03

排中律：生存，還是毀滅，沒有中間狀態

　　亞里斯多德（Aristotle）曾經明確表述了排中律的定義：「在對立的陳述之間不允許有任何居間者，而對於同一事物必須肯定或否定其某一方面。這對於定義什麼是真和假的人來說是十分清楚的。」這是亞里斯多德的哲學論述，對於排中律這個概念，在中國歷史上，早有相關的文獻記載，只不過當時人們不將其稱作是排中律。《墨經・經上》中寫道：「彼，不（兩）可兩不可也。」翻譯過來，「彼」是一對矛盾論題，二者不可能都正確，也不可能都不正確。那麼，我們不妨通過下面的小例子進一步瞭解一下排中律吧！

　　小麗說：「如果我做得不正確，那你的結果就是正確的。」小明說：「我看你做的答案不正確，我做的也不正確。」聽了兩人的話，站在旁邊的小亮不慌不忙地看了看他們兩人的答案，然後說道：「小明的答案錯了。」這時數學老師剛好走進教室，聽到了他們三個人的談話，並查看了他們的計算結果後說：「在剛才你們三個人所說的話中，只有一個人說的話是正確的。」

　　請問他們誰說的話是正確的呢？不懂排中律的人看到這個案例後，可能會一頭霧水。但是我們可以來分析一下，不難發現：小麗說如果自己做得不對，那小明的結果就是對的；小明卻說小麗的答案不對的話，自己做的也不正確。顯然，小麗和小明說的話是相互矛盾的，因此，根

據排中律可以推斷出，小麗和小明必然有一個人說的話是正確的。而老師說三個人只有一個人說的話是正確的，可想而知，小亮的話是不正確的，小亮說小明的答案錯了，也就是說小明的答案是正確的。既然小明的答案是正確的，正是符合小麗的推斷。因此小麗的話是正確的。

這個例子是不是很有意思呢？排中律是四個定律中最有趣的一個。那麼，我們瞭解排中律究竟有什麼意義呢？

首先，排中律的價值很大，它最大的價值就是幫助我們識別和揭穿那些「騎牆者」，所謂騎牆者，就是在一個觀點面前左右搖擺的人。通過排中律，可以提高我們的思辨能力。畢竟排中律是指在同一個思考過程中，兩個互相矛盾的思想必定有一個是真的，不會都是假的。

其次，排中律能幫助我們提升溝通效率，而這就要說到暗藏其中的一個著名的思維推理方法，即反證法。我們可以這樣理解，根據排中律，既然兩個自相矛盾的觀點，肯定有一個是對的，一個是錯誤的，那麼沒有都不對的中間狀態。

這裡有個有趣的例子：清朝著名的大臣劉墉，在晚年時，皇上要通過抓鬮❸來決定劉墉的生死。皇上先是命人

---

❸ 從預先做好記號的紙捲或紙團中，隨意拈取其中一個來決定事情，也稱為拈鬮、抽籤。

準備了兩張紙，在兩張紙上都寫了「死」字，聰明的劉墉隨便拿起一個鬮，塞到嘴巴裡，吞咽了下去。在這種情況下，皇帝與朝臣沒辦法驗證劉墉吞下的那個鬮上寫的是什麼字，只能通過剩下的這個鬮來推理，打開剩下的這個鬮，上面寫著「死」，而人們則推斷劉墉抓的鬮上面寫的是「生」字，就這樣，劉墉救了自己一命。而這就是著名的反證法的運用，也就是我們所要論述的「生存，還是毀滅，沒有中間狀態」。

在生活中，我們可以運用排中律來幫我們做選擇。然而在運用排中律的時候，我們要注意以下幾個問題：

1.通常我們說的排中律是在同一脈絡下進行思考的過程，而不在「同一思考脈絡」的條件下，我們對兩個相互否定的思想進行再次否定，這種現象呈現出對否定命題的再次否定，其實並沒有違背排中律。

2.因為人類的認知還不全面，對一些事物的分辨或回答還不確定，這種情況並不違背排中律。比如，對於世界上是否有外星人，現在既不能給出肯定的答案，也不能完全否定，而這與排中律並不相悖，只是人們的認知程度還不足夠而已。

3.排中律歸根結柢就是「由假推真」，通常我們可以通過一個假的命題，來推斷出真命題，這就是排中律的獨特之處。

在生活中，我們無時無刻不在運用邏輯思考，只是很多時候我們不自知罷了。排中律之所以有趣是因為它內在的命題假設具有相悖性，但結論又是真命題❹。因此，在生活中，我們運用排中律來做選擇、找答案的時候，一定要明白排中律的真正含義。

❹ 邏輯學上指「表達判斷的語句」，通常以直陳語句或假定句表達。

04 充足理由律：任何事物存在都是有理由的

我們先不說充足理由律是什麼，我們先看一則關於違背充足理由律的對話，十分有趣。

> 父親：「兒子，只要你不亂花錢，爸爸讓媽媽再獎勵你十塊錢，怎麼樣？」
> 兒子：「我都不能亂花錢了，我還要獎勵幹嘛？」

父親與兒子的這個對話是不是很有趣，父親要用錢來獎勵孩子不亂花錢的行為，而兒子認為自己都不能花錢了，要錢還有什麼用，所以也沒有必要再去在乎父親的要求了。這是一個違背充足理由律的案例，什麼是充足理由律呢？

充足理由律指的是任何判斷必須有充足的理由、任何事物都有存在的充足理由。在思維的論證過程中，要能夠確定一個判斷或論點真實而不存在虛假，就要用到充足理由；如果缺乏充足的理由，那麼就沒有可靠的論證性可言。也就是說，我們在生活中，要做思維的論證，就要理清楚事實，要講道理，這就是所謂的：「持之有故，言之成理。」無理之言就是違背了充足理由律。那麼，遵守充足理由律要滿足哪些要求呢？

充足理由律的要求有三個：

1.要有充足的理由

做任何事情都要追根溯源，尤其是在進行邏輯思考的過程中，我們要看到事物存在的根源與理由，只有這樣我們才能推

論出正確的結果。如果沒有任何理由，就得出結論，這就犯了違背充足理由律的錯誤。比如，網上有人罵某個作家抄襲別人的作品，卻沒有任何技術上的支援和依據，不提供任何具體的抄襲證據，只是一味地對該作家進行謾　和人身攻擊，這顯然就是毫無理由的邏輯錯誤。

通常來講，在違背充足理由的人群中，最典型的是思考邏輯不完善的孩子，或者是「蠻不講理」之人。當然，孩子通常意識不到自己違背了充足理由律，「蠻不講理」的人也不承認自己蠻不講理。

2.理由必須真實

我們進行邏輯思考，所依據的理由必須具備真實性，如果我們所依據的理由沒有了真實性，很可能會導致我們做出的推論也沒有真實性可言。因此，我們在進行邏輯思考之前，要能辨別是否理由真實可靠。

在現實生活中，不乏一些主觀臆斷的人，比如有人說：籃球隊員都那麼高，看來經常打籃球可以讓所有人長高——這個人由籃球隊員的身高，得出打籃球可以讓所有人長高個子的結論；事實上，籃球隊的隊員個子都很高，只能證明「個子高有利於打籃球」，並不能直接證明「打籃球有助於長高」，因此，這個人犯了「理由不充分」的錯誤。

3.理由能夠必然地推導出論題

我們要能夠通過理由推導出命題，如果我們的理由無法推導出論題，這就意味著我們犯了「推論失敗」的錯誤。所謂「推論失敗」指的是：提出的理由是正確的，但是與推斷卻沒有必

然的聯繫。正因為沒有必然的聯繫性，所以從理由推不出結論，也即論證的過程有問題。

比如，蝴蝶屬於昆蟲，因為蝴蝶擁有翅膀，所以擁有翅膀的都是昆蟲。這裡的「蝴蝶擁有翅膀」是真的，而「擁有翅膀的都是昆蟲」則是假的推論。這就犯了「推論失敗」的錯誤。

再比如，黃銅並不是金子，黃銅是黃色的，所以凡是黃色的都不是金子。這裡，「黃銅不是金子」「黃銅是黃色的」都是正確的理由，但是卻不能推論出「黃色的都不是金子」這個論點，這就是論證的過程有問題。

在生活中，我們熟悉的很多名言都違背了充足理由律，比如白居易的名句：「商人重利輕別離」，如果拋開文學層面因素，僅從字面意思商人只看利益不看重情誼，常常輕易別離。後人都以此來形容商人的唯利是圖，其實從「商人重利」不能推論出「輕別離」，更不能推論出「商人都唯利是圖」。類似這樣的論斷還有很多，在生活中的例子也不少。

有人在吵架的時候說：「雖然他先罵人，但是您作為老師，還這麼計較，和他發生爭吵實在不應該。」但從邏輯上來說，吵架本身與職業無關，不能說一個人從事老師的職業就絕對不能與人發生不快，在生活中，除了老師的身份，他還可能扮演其他的角色，而身份的轉變可能會導致這個人與他人發生口角。因此，這樣的言論就是違背了充足理由律。

第  章

常用邏輯思考：
大腦再也不會糊成一團

05

形式邏輯：它可以讓人明辨是非對錯

　　我是一個善於明辨是非對錯的人嗎？這個問題似乎很容易，我們總會認為自己能夠明辨是非對錯，但要怎樣做到呢？

　　一個人若注重邏輯思考，那麼所做的一切判斷和決定便有了一定的依據。如果我們沒有邏輯的話，那麼在判斷的時候就只能依靠自己的直覺、印象、情緒和情感，然後下定結論，這樣的結局往往是尷尬的。

　　在生活中，很多動物都是依靠直覺來進行覓食的，這是動物的本能。因此，我們不能將動物這種直覺的本能當作一種理智思維。當然，人類不僅是動物，人類雖然也有憑藉直覺做出判斷的時候，但是更多時候需要通過理智思維進行判斷。

　　在這個世界上不管知識高深或粗淺，揭開現象看本質，都是一種判斷。而邏輯就是說明我們進行判斷的工具，邏輯思考能夠幫助我們進行更有效的判斷，做出更有利的決定。

　　就邏輯工具而言，我們目前已經發展出了五大邏輯體系，它們分別是：形式邏輯、數理邏輯、實證邏輯、辯證邏輯和系統邏輯。這裡我們先給大家介紹的是形式邏輯，讓我們先從概念上瞭解什麼是形式邏輯：

　　形式邏輯也被稱作普通的邏輯，通常指的是我們在認識事物或進行思想表達的時候，經常會運用的一種必要的邏輯工具。人的認識在理性階段，必然要實現對客觀世界的反應，在這個過程中，需要實現思維內容與形式上的統一。

一個人說：「趙兵不是男人就是女人。」這就屬於一個典型的形式邏輯，從概念上來講，一個人不是男人，就定義為女人。

在日常生活中，對形式邏輯的合理運用，能夠讓我們在生活中分清是非對錯，做到「有理有據」。那麼，形式邏輯是如何幫助我們明辨是非的？

形式邏輯的作用在於，我們通過外在的特徵將世間萬物分門別類地做出區分，我們通過對事物進行歸類，就可以在形式上對事物的關係做出合理的判斷。這種判斷往往是通過區分清楚一個事實概念的內涵和外延，從而對各種形式的事實來進行一個比較嚴密的判斷。有研究的人會發現，西方傳統哲學的基礎便是形式邏輯。即使如此，形式邏輯也有漏洞存在，那就是形式邏輯只確保在形式和概念的基礎上做出的判斷是正確的，卻不管在大前提的設定下是否合理。比如某個哲學家，通過形式邏輯建立了一堆概念，用概念形成了他自己的哲學體系。這個體系看起來無比龐大，但如果有一天突然發現他的哲學體系的最根部的基礎概念是錯誤的，那麼整個哲學體系就會土崩瓦解，變得毫無價值。

當然，形式邏輯不僅能幫助我們分清是非對錯，還可以讓我們迅速辨別事物的真實面目。畢竟，在社會中，虛假的、偽裝的事物太多，需要我們用邏輯思考去辨別事物的真相是什麼，因此，巧妙地運用形式邏輯，能讓我們抓住事物的本質，避免被外界的假像所迷惑，這也是我們運用形式思維的意義。

在生活中，形式邏輯可以指引我們分辨是非對錯，有助於我們做出正確的判斷和抉擇，對我們的生活和工作都有益處。

06

邏輯論證：概念和推理的運用

　　我們在生活中是不是會遇到「有理說不清」的時候，或者是遇到一些「蠻橫」之人？當我們說出的一些觀點無法讓別人認同、或是別人說一些觀點讓我們無法認同的時候，就容易產生分歧和爭論。此時為了讓他人認同我們的觀點，會找出各式各樣的證據，來印證自己話語、觀點的「真實性」及「可靠性」，以證明對方的「錯誤」。我們必須對此進行論證，用十分縝密的邏輯思考去擊倒對方的觀點，從而說服對方。同理，對方也會用自己的「證據」去說服我們，希望我們能遵從他們的觀點。

　　無論是我們說服別人，還是別人說服我們，要怎樣進行論證，才能夠讓彼此說出的話略勝一籌，更具說服力呢？這就是我們要運用的邏輯論證，這種思維是通過概念和推理的運用而實現的。

　　掌握邏輯論證，能夠讓我們辨認出別人的言語存在什麼樣的邏輯漏洞，也可以避免自己說出的話存在不當之處。**論證思維就是解決「是什麼→為什麼→怎麼辦」的問題；比如，在生活中，我們面對一個論題，要先考慮清楚這個論題的本質是什麼，為什麼會有這樣的觀點；面對這樣的觀點，我們要如何去做？**

　　也就是說，第一個階段我們要知道概念，然後瞭解事情的本質。第二個階段也就是「為什麼」的階段，我們要分析清楚事物的原因，然後再進行判斷。到了「怎麼辦」的階段，就需要我們進行認真推理，找到解決問題的辦法。

論證思維的基礎就是利用各種方式和途徑做出判斷，通過我們掌握的論據來進行思考推理。最典型的一個例子就是我們國中的時候，老師要求我們寫的議論文，我們要先寫明自己的論題，然後找到足夠多的論據，依其進行推理，再得出論點。

我們再來看如下案例：

小春和朋友在聊天，小春說道：「有出息的人，通常不玩遊戲。」

朋友問他為什麼會這樣說，他的理由是：「因為只有不玩遊戲的人才有出息。」

朋友對小春的回答十分不滿，認為他說得不對。

通過小春的答案，不難看出他的這個理由不足以論證他的觀點，我們可以認為小春「論據不充足」，也可以說是理由不充分。小春完全可以說：「不玩遊戲的人，可以有更多的時間去思考或去做其他事情。另一方面，不玩遊戲的人可以有更多的時間去學習，去提升自己，容易變得更有出息。」這樣的論據相對來講是能夠推理出論點的，雖然這樣的論據依然有漏洞，但是相對更容易讓人們信服。

在生活中，我們用到論證思維的時候很多，在運用論證思維的時候，一定要注意各方面的問題：

1.概念不能模糊不清

這裡的概念是指我們所理解的事物的本質或者是本來面目，也是我們做出判斷最根本的依據；我們對待概念的認知一

定要是透徹的，不能模糊不清，否則就會導致我們無法正確地做出判斷或推理。

對概念的掌握，本身就是挖掘事物本質的過程，我們不能單純依靠自己的經驗，也不能單純地憑藉直覺，而是要通過理性思維來建立全面並且正確的概念意識。有了概念的意識，我們才能正確運用概念進行推理。

2.對事物的分析不只一個角度

無論是在生活中，還是在工作中，我們對事物的分析不可能只有一條途徑，遇到的問題也不可能只有一種解決方法。當我們面臨某個論點需要進行推理的時候，我們可以先學會從不同角度去分析，這樣便能夠得到不同的論據來支撐觀點，這也是最有說服力的解決問題方式。

我們在小學的時候，做一道數學題，老師總是希望我們能用多種方式來解決，這就意味著同樣的題目一定有多種解決的途徑。

3.一個論證可能引發一系列推理

我們在進行思考和推理的時候，是需要掌握方法的，比如歸納推理、演繹推理等等。在尋找解決問題的方法時，我們需要依靠論據進行推理，因此熟悉並選擇各種合適的推理方法也就顯得至關重要。當然，一個論證的過程可能會引發一系列的推理。比如，我們在論證「葡萄乾要比鮮葡萄更酸甜」的時候，我們要推理出葡萄乾的水分含量比鮮葡萄少、葡萄乾的糖分比鮮葡萄含量高等等。通過一系列的推理之後，我們才能得出相應的結論。

論證思維是一種常見的思維方式，說服別人接受我們的觀點時，就需要運用這種思維方式。簡單地說，論證思維其實就是「以上統下」「以下解上」的一種思維體系。我們不僅需要「概念」的「統領」，而且需要「判斷」和「推斷」對「概念」做出解答。

　　論證思維是一種十分嚴謹的思維方式，它著眼在最真實的概念上，而立足於我們對事物的判斷。在生活中，我們需要進行嚴謹探討，只有這樣才能得到問題的答案，我們也需要運用這種思維，幫助我們理解問題，找到解決問題的最佳方法。

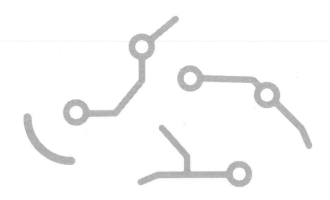

07 演繹推理：邏輯高手的思維模式

古代有一個有趣的故事：

　　大哲學家莊子正在與惠子外出遊玩，莊子看到水中的鯈魚說道：「鯈魚在水中如此悠閒自在，這就是魚的快樂啊！」惠子反駁說道：「你不是魚，你怎麼知道魚快樂呢？」

　　莊子聽了惠子的話，反駁道：「你不是我，你怎麼知道我不知道魚兒是快樂的？」聰明的莊子就使用了演繹推理，這也就是「子非魚，安知魚之樂」的故事。

　　那麼，什麼是演繹推理？聽到演繹這個詞的時候，是否會想起演戲或演練？其實，演繹推理就是指我們從抽象到具體的思維過程，我們通過對一般原理的認知，借助某些邏輯規則，進而推導總結出其中特殊或個別的知識。

　　如果單純地看演繹推理的定義，可能會覺得十分枯燥、難以理解。那麼，我們不妨用一個非常簡單的例子來說明：一個人手裡拿著一個三角形，通過演繹推理進行推理，我們會推理出這個人手中拿著的三角形可能是銳角三角形，或者鈍角三角形，又或者是直角三角形。而這個人說自己拿的不是銳角三角形，也不是鈍角三角形，那麼我們可以推理出是直角三角形。這個推理的過程就是演繹推理的運用過程，即把個別性從共通性裡剝離出來。

在我們日常生活中，演繹推理扮演著舉足輕重的角色，我們需要用演繹推理來對已知的種種事物進行分析，按照已知事物之間存在著的必然聯繫，推導出新的事態進展或產生何種結果。在運用演繹推理時，需要使我們得到的結果與之前發生的事情存在必然的邏輯聯繫。

在日常生活中，為了能夠正確地運用這種思維方法，我們有必要認識和掌握推理思維的特點。

1.演繹推理具有方向性

演繹推理具有十分明顯的方向性，也就是從普遍到特殊，或者說是從共通性到個別性方向的一種演變。在大多數事物的推理過程中，瞭解事物的方向性是必然的需求。

2.演繹推理具有因果性

因果關係相信大家都不陌生，它是事物之間存在最為常見的一種聯繫。而演繹推理的過程中，我們依舊可以看到有因果關係的存在，甚至我們所熟知的事物之間存在的因果關係就會成為演繹推理中的關鍵因素。

在古代有一個名叫王戎的小男孩，他經常與其他孩子一起出去玩耍。有一天，他看到路邊有一棵李子樹，樹上結滿了李子，以致樹枝就要被壓斷了。其他孩子看到李子之後，興奮地奔跑到樹下，摘李子。只有王戎不急不忙地走到樹下，別人問王戎為什麼不去摘李子，王戎說道：「李

子樹長在路邊，果子肯定又酸又澀，不然不會沒人摘。」其他孩子拿著手裡的果子嘗了一口，李子的確又酸又澀。

通過這個例子可以證明，王戎的判斷是正確的，而王戎之所以能夠得出正確的推論，就是運用了演繹推理，也就是由一般到特殊的思維方法。而通過王戎的推理，不難看出演繹推理的因果性。

3.演繹推理具有有效性

演繹推理所推理出來的結論，往往是精確無誤的，這種判定的結果一般不會超出我們的預期範圍。

　　李甜甜在班級中的名次一直是前五名，她分析自己之所以不能得第一名是自己國文的分數偏低。為了提高國文成績，彌補不足，她在課餘花了更多的時間去學習國文。期中考試在即，她更是加倍努力。

　　期中考試結束之後，同學都很好奇她能考第幾名。李甜甜自信滿滿地說：「這次考試我肯定能進前三名。」不少同學嘲笑她「太過自信」，李甜甜卻笑而不語。成績單公佈了，正如李甜甜的預測，她的確獲得了全班第二名。

　　課後休息時間，同學好奇地問她：「你是怎樣知道自己這次一定能考好？」李甜甜分析說：「之前的每次考試，我的總成績總是比第一名低20分，而這20分都歸咎於國文分數太低。於是，我在國文方面下了一些功夫。這次考試，

我覺得國文的部分題目有難度，其他學科難易程度較之前並沒有太大的變化，而國文考試中，我只有一道3分的題不會做，並且感覺其他題出錯的概率也不高，這麼一來，我與第一名的差距便不會超過3分，所以，我預測自己的成績肯定能夠進入前三名。」

李甜甜對自己成績的分析與預期是一致的，可見，演繹推理是存在預期的有效性的。

在生活中，運用演繹推理去對一般事物進行總結和思考很重要，因為這樣更容易發現事物存在的獨特之處。我們必須尊重演繹推理的方向性，更要尊重演繹推理的因果性，畢竟只有當我們瞭解事物之間的關係，才能預期結果，做出新的嘗試。

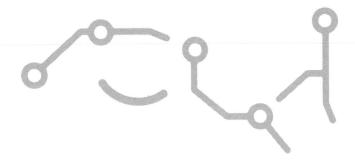

08 抽象思考：獲取概念，揭露本質

我們在生活中，經常會聽到人們說抽象思考，提到抽象，我們腦海中是不是突然會出現抽象畫大師畢卡索的畫？對於不懂畫的人來說，我們可能不知道畢卡索的畫到底想要表達什麼，相對於我們能一眼識別的「具象藝術」，我們把這種不具體描繪真實事物的藝術，稱為「抽象藝術」。那麼，或許你心中可能會有疑惑，到底什麼是抽象思考呢？

抽象思考是人們在認知活動中運用概念、判斷、推理等思維形式，對客觀現實進行間接、概括反映的過程。 抽象思考是一種思維形式，它的思維物件必須是客觀的。

比如人們會問：量子存在嗎？科學家會給出肯定的回答，然而對我們而言，我們用肉眼是看不到量子的，但我們可以運用抽象思考。有的人認為抽象思考太過複雜，正因為抽象思考不是具體的，所以我們才會認為它虛無縹緲——抽象思考似乎超越了眼前所看到的現實，跑到現實的背後，甚至是「脫離」了現實，其實這種感覺是很正常的。即使抽象思考給我們這樣的感受，但是不得不說這種思考模式十分重要。通過抽象思考，我們能對瑣碎的現實進行概括，將直接的具體表象進行間接的昇華。在現實生活中，我們可以利用抽象思考進行總結，得出更深刻的含義。

一個學生看到樹上紅透了的蘋果掉了下來，高興地撿

起蘋果，開心地說道：「我能吃蘋果了。」

　　而另一個學生看到紅透了的蘋果掉下來，沒有急著去吃，而是在思考牛頓提出的「萬有引力」背後是什麼原理。不得不承認，第二個學生的思想境界要略高一籌，而從另一個角度去思考，第二個學生的思維就是抽象思考。

在生活中，我們如何學習和運用抽象思考？

　　第一，學習理論並加以運用。在學習掌握科學概念、理論之後，我們便能夠清晰地掌握這些概念，這就意味著我們可以將這些理論和概念放到現實生活中，引導我們實踐。

　　第二，掌握好語言系統。在我們還沒有接觸語言之前，我們只是擁有了形象思維，而只有當我們掌握了語言系統，我們才能用語言概括周圍的世界規律和現象。

　　第三，重視訓練和演算。演算能夠讓我們的思維變得更加縝密，在這一點上是毋庸置疑的。因此，重視日常的訓練，能夠形成我們的抽象思考。

　　第四，抽象思考與記憶方法聯合使用。抽象記憶、理解記憶與抽象思考聯合訓練，這樣可以達到相互促進的效果，這可以提升我們的記憶能力。

　　抽象思考是大腦左半球的主要功能，通過進行大量的讀、寫、算來達到抽象思考的昇華；當然，在日常生活中，我們可以通過學習哲學等理論來訓練自己的抽象思考。

09 類比思考：有比較才知不同

　　哲學家康德（Immanuel Kant）說過這樣的話：「每當理智缺乏可靠論證的思路時，類比這個方法往往能指引我們前進。」由於類比具有過渡性，即從一個領域的知識過渡到另一個領域，所以類比在創造性思維中有著十分重要的地位。

　　我們不妨先從概念開始分析類比思考：依其字面意思來講，類比就是兩個具有相似點的事物進行比對的一種思維方式。這種思維方式會對某一種事物的某些特徵進行推理，進而能夠在同一類事物中得到與之相應的特徵顯示。類比是對特殊事物進行比較，這種比較並非整體性的，而是對某種案例的參照與推理。這種思考模式在歸納和演繹推理無法發揮作用的領域，發揮著極其獨到的作用。

　　很強的創造性也是類比思維具有的特點之一，這主要是由這種思維自身附有的比較性所決定的。類比思維就是對比已知事物的特徵，從而推理未知事物特徵的思考模式。

　　那麼，除了創造性這一特點之外，類比思維還有哪些其他特點呢？

1.類比思考能夠啟動我們的想像力

　　類比法會通過聯想去激發我們的大腦，從而使我們有明確的思維方向。適當的類比不但能幫助我們對事物進行合理聯想，還能夠提升我們自身的想像能力與創造能力。此外，類比思考在啟動想像力的同時還能夠幫助我們打破慣性思維，另闢蹊徑。

2.類比思考具有強大的啟發性

類比思維的啟發性非常強大，能夠驅動創新，為之提供具體線索，尤其是創新材料不夠充足的時期，我們無法對事物進行有效的系統歸納，也無法進行演繹推理，這個時候類比自然會成為我們啟發創新思考的首選方式。

3.類比能提高猜想的可靠性

運用類比去進行假設的時候，一般都能達到加強的作用。這是因為創新過程實際上就是人們需要提出較高可靠性的假說。依照類比推理，我們需要對所推理的每一項進行比較，而比較的整個過程本身不就是一個再三確認的過程嗎？我們對兩個事物包含的每一項特徵進行比較，自然這個假設的可靠程度會大幅提高。

有人會說，自己很少去進行類比推理，因為根本不知道如何培養這種能力。其實要培養類比思考力，首先需要找到類比項，如果我們找不到事物存在的可比性，自然就無法進行類比。

在生活中，我們會發現有比較才會有創新，在創新過程中使用的類比思考往往不會受到推理模式的束縛，一般而言，類比思維也具有靈活性與多樣性。

英國科學家培根先生曾經說過：「類比聯想支配發明。」他把類比與聯想進行了緊密的銜接，也就是說，擁有類比思維的人往往能夠進行合理的聯想，從而藉由聯想探尋到解決問題的突破點。由此看來，想要提高自己類比思考的能力，我們就必須提高自己的聯想能力，尤其是聯想相似事物的能力。

在耶誕節那天，父親為萊特兄弟帶回來一份聖誕禮物，兄弟兩人迫不及待地打開禮品盒子，他們看到了一個奇怪的玩具，看到這些玩具，他們不知道要怎麼玩兒。

這個時候，父親走過來，拿起玩具為他們展示，他們將上面的橡皮筋扭緊，一鬆手，只看到像蝙蝠一樣的迴旋陀螺轉了起來，隨著玩具飛到了空中，兄弟二人同時發出了感慨：「真的太有趣了，它就像鳥兒一樣。」

從那之後，萊特兄弟便對飛行產生了興趣，並且一直在想，如果人能飛上天就好了。隨著年齡的增長，萊特兄弟開始觀察老鷹是怎麼飛起來的，然後一步一步將老鷹飛翔的姿勢畫下來，隨後按照老鷹飛翔的樣子，他們兩人開始嘗試製造飛機。隨後，他們對比鳥類的翅膀，在飛機上繫一根繩子，然後帶著這架飛機來到了野外，他們像放風箏一樣放飛飛機，同時想像著老鷹是如何飛翔的。

經過無數次的實驗，他們終於發明出了飛機。

不難發現，萊特兄弟發明飛機的靈感來自鳥類，也正是運用類比思維，才讓萊特兄弟找到了發明飛機的靈感。

無論是科學研究層面的創新，還是我們日常工作方法的創新，都離不開類比思維的運用。類比本身就是能夠有效解決問題的一種思維方式，這種方式恰恰是我們所必需的，通過類比思維可以讓我們達到自我認知和實現創新思考的目的。我們日常生活中經常會用到類比，通過這樣的方式才能找到不同，從而做出正確的選擇。

10 假設思維：說出「假如」的同時要能證明結果

在生活中，我們與他人在交流的過程中，經常會聽到有些人說「假如」。「假如我這次完成年度銷售業績，我會獲得提拔的機會。」「假如時間可以重來，我一定不會犯昨天那樣的錯誤。」這些掛在口頭上的「假如」就是我們認為的假設思維嗎？如果我們瞭解了假設思維，便知道答案是否定的。

假設思維在日常分析問題的過程中十分常見，在生活中，一個問題之所以能夠順利解決，往往會要求我們對問題解決的過程或者是結果進行一種假設，之後再經過一系列的論據論證。而假設思維指的就是對已知事物的規律、理解進行假設的一種思維方式。由此可見，在我們說出「假如」的時候，假設思維要求我們能夠找到證明結果，從而驗證「假如」是真實可靠的。而一些漫無邊際的「假如」「幻想」，是不符合假設思維要求的。

人們在得知某個事物之後，出於某種目的一般都會先進行假設，對事物存在的規律和原因進行一種初步判定和說明。因此，這只是一種推測，要想將這種推測變得更為可靠，就必須進行科學的論證和實踐，從這點來看，假設思維要想成立，離不開實踐論證。

一般來講，假設思維的運用需要經過兩個步驟：

1.假設

我們解決問題或思考問題時往往需要去假設，但假設需要依據，並不能憑空進行。那麼假設的依據是什麼呢？答案是我們掌握的材料與知識。在我們對事情的經過、原因、規律有了

初步瞭解之後，就可以以自己掌握的資料和已經瞭解的科學原理作為依據來調動大腦中的知識，充分發揮其主觀能動性，做出假設。

2.論證

　　假設作為初步的一種猜測，雖然有一定的依據作為支撐，但這並不代表我們所給出的假設是真實的結果。要想得到一個真實合理的結果，對假設進行論證就非常必要。論證就是用具體事例與數據對結果進行不斷的證實，繼而不斷地充實假設，如此不僅能夠修正假設，也能讓我們找到合適的方法去解決問題，最終把假設趨於合理、驗證科學。

　　胡適治學時有一句名言：「大膽假設，小心求證。」可見，假設思維要求我們在大膽假設的同時，要能夠為假設的命題找到結果，這就說明，假設的內容不是憑空想像出來的，是需要依據的。

　　　　小張和小王在院子裡下棋，這個時候，有一個陌生人對著院子裡看了一圈，又看了看院子裡的牛，然後離開了。小張對小王說：「這個人是賊，他肯定想要偷走院子裡的牛，看到我們兩個在院子裡，他便離開了。」

　　　　小王聽了說道：「不，這個人不是賊，他可能是在找牛。」小張不信，便出門喊住了那個人，問他為什麼要衝自家院子看一圈。那個人說道：「我的牛丟了，我在門外聽到你家有牛叫的聲音，便想要看看是不是我丟的那頭牛。」

小張回到院子，問小王怎麼知道那個人不是賊，是在找牛，小王解釋道：「假設那個人是賊，他朝院子裡看，發現有人，便會立刻縮回去，快步離開。而剛才那個人朝院子看了一圈，他明明看到了我們兩人在下棋，還朝著院子裡的牛看，可見他不是賊。」

　　小王的思考過程其實就是假設思維，他通過假設判斷門外的人不是賊，而得出這種假設的依據則是觀察和分析了門外之人的舉動。

　　假設思維的好處數不勝數，通過假設思維我們能夠獲得多種解決問題的途徑。由此可見，假設思維有很大的價值：首先，假設思維能夠極大地提高我們解決問題的效率。尤其針對一些複雜的問題，它能夠幫助我們精準地鎖定便捷的解決方法，讓我們避免出現浪費大量精力的情況。其次，假設思維的結果導向可以使我們對結果進行分析，從而以結果為導向，反作用於問題解決的過程。

　　在實際運用假設思維的過程中，我們會發現假設思維屬於一種發散性的思維，它不僅能夠幫助我們找到解決問題的方法，也能鍛煉我們的思維能力和想像能力。同時，在我們假設的同時，一定要明白自己進行假設的目的是什麼，如果毫無目的地進行假設，則假設會變得毫無意義。比如，假設人變成了豬，豬的數量就會增加。這樣假設的目的是什麼？顯然「假設人變成豬」這個命題是不成立的，而這樣推演出的結論「豬的數量就會增加」也就毫無價值。

當然，假設思維在我們生活中的使用頻繁，偶爾出現假設偏差也是在所難免的，當我們遇到這種情況，大可不必驚慌，也完全沒有必要絞盡腦汁地通過論證去證明自己假設的正確性，否則也只會得到「牽強」的論斷。

　　在生活中，我們運用假設思維，要注意以下三個方面：

　　第一，在進行假設之前，我們要對問題進行充分的分析。這是至關重要的。當我們遇到一個問題，發現難以直接推理知道答案時，就需要在分析的基礎上，確定合適的假設範圍。當然，對於一些通過分析可以直接得到結論的論斷，就沒有必要運用假設思維了。

　　第二，做好只進行一次情況分析的假設。做過很多無謂的假設之後，我們會發現問題失去了焦點，從而會陷入混亂之中，而一次做好一種情況的假設，就可以確保問題簡單化，每一種假設，進行驗證才能得到結果，如果有太多未經驗證的假設，我們就可能無法通過結論進行推理了。

　　第三，我們在論證假設的過程中，可以進行再進一步的假設，也就是「假設中的假設」。在某個假設推理過程中，我們要根據需要，依然可以使用假設的方法來進行邏輯分析，在得到某個假設是正確的時候，我們可能仍然需要進一步假設，這種假設中存在假設的情況也是十分常見的。

　　假設思維的運用具有廣泛性，我們每天的生活或工作都可能會使用假設思維。當我們運用假設思維時，有根據地進行假設是一個基本的前提，因為假設並不是毫無邊際地去幻想，更不會是不著邊際地去亂猜。

一個完美的假設論證過程，要求我們以足夠的論據做支撐，只有掌握足夠的論據才能夠保證我們對假設的論證的合理與準確性。當我們完成了論證之後，就會發現我們的假設是否符合事物本身的發展規律，更使我們精準地瞭解到假設是否能夠滿足解決問題的需求。因此，**先假設，再論證**無疑是通過假設思維解決問題的最佳步驟。

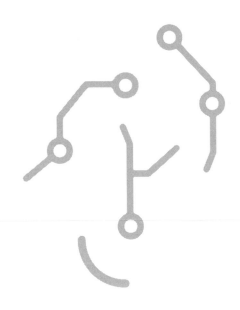

11
組合思維：它能讓人學會合作

1+1=2，這就是組合思維嗎？其實，組合思維遠遠要比1+1=2複雜得多。

組合思維又被稱為合成思維，我們通過它的名稱不難看出這種思維並不是對單一事物進行的思維分析。簡單來說，組合思維是把多項不相關的事物加以聯繫，使之成為一個整體。但是組合思維並不是個體之間的單純疊加，在功能上，可能會產生1+1>2的功效。這種思維在生活中的運用也是很多的。所呈現出來的形式，也是多種多樣的。

1.同類組合

將同一類別的事物進行組合，使之形成一個整體，這樣的整體在結構或範圍上產生的影響力和效力更明顯。

比如，我們將紅色的玫瑰、白色的百合和滿天星、紫色的紫羅蘭等進行組合，編織成一個五彩繽紛的花籃，從而售價可以遠超單一品種花卉價格的總和。這看似是一種商業模式，但是其背後的「主導者」正是同類組合的思維模式。

2.異類組合

異類組合，顧名思義，就是把兩種或者兩種以上可能來自不同的領域的事物進行組合，這些事物的組合可以產生不同的思想，組合起來之後的思想也無主次之分。被組合的物件能夠在結構、材質或成分等很多方面進行相互滲透，甚至可以說是相互融合，最終使其整體變化顯著。

比如，在中國雲南彝族會將火藥、鐵礦石渣、鉛塊等不同的物品放到一個乾葫蘆裡，再將乾葫蘆頸部塞入火草，將葫蘆放進網袋，這就是經過異類組合創造出來的世界上最早的手榴彈「葫蘆飛雷」。而這種異類組合創造的價值，正是異類組合思維運用的最直接體現。

3.重組組合

重組是作為一種組合的手段出現的，我們首先應該將事物的不同層次進行拆分解構，然後重新組合，去挖掘和發揮更大或更深層次的潛力。比如我們兒時玩的積木，其根本上就是通過不斷地拆分與組合，去說明建立孩子重組的意識，培養和發掘孩子的重組能力與潛力。

4.共用組合

把某個事物中富有相同功能的要素進行組合以求達到共用的目的就是共用組合。

比如生活中，我們常用的吹風機、卷髮棒等可以共用同一個帶插銷的造型器等。

5.概念組合

所謂概念組合就是組合已經總結出來的命題概念。

比如，我們日常生活中經常會聽到的綠色食品、透明錄取、音樂餐廳等。

組合的形式多種多樣，但是無論以哪種形式進行組合，目的都是使事物具備更大的價值或者優勢。就像是拔河比賽，人員編制的疊加組合使得整支隊伍變得更加有力量。

　　對於我們日常生活來講，善於運用組合思維，就可以讓我們學會合作。因為合作的過程本身就是將每個人的優勢進行拼接組合，從而發揮出更大優勢的過程。

　　如果我們將組合的本質理解為簡單的拼接，那就大錯特錯了，其實，合作的本質就是創新，而並不是簡單地進行排列。**組合思維就是把表面上看似毫無關聯的事物進行組合，藉此能讓整體發揮或者增強某些功能或特徵的方式。**通過組合而形成的整體會具備其中某個單一事物不具備的功能。

　　比如，一輛汽車大約需要三萬個零件，如果將這三萬個零件簡單排列，零件仍然只是零件，根本不能稱之為組合；唯有將三萬個零件進行規律的、高效的組合，才能形成了一輛炫酷的轎車，而當我們把轎車上的任何一個零件取出來，都承擔不了汽車本身的功能，更談不上提高轎車的速度與性能，而轎車之所以是一個能夠高速行駛的代步工具，就是各個零件組合後的新功能。因此，我們應該明白組合不是事物之間簡單地相加，不是1+1=2，它是一種創新，是1+1>2。而對一個團隊來講，組合就是合作，合作的工作效果肯定要比單槍匹馬的工作效果要好很多。

　　在生活中，我們理解組合的途徑有很多，以家庭來說，我們不得不承認，任何一個家庭都可以成為一個組合體，它是由每個家庭成員組成的，而家庭成員的關係其實就是一種合作關係，父親和母親合作來照顧、養育孩子，而孩子也會與父母合作，一起實現家庭的價值。這種家庭成員的組合，才能形成家

庭。而家庭的社會作用要遠遠大於一個人的社會作用。

　　當然，組合思維的形成並非憑空產生，而是需要有一定的知識積累與儲備，因為缺乏知識的積累就很難對各個局部的事物產生足夠的認知。就比如，我們想組裝一台電腦，如果不懂得電腦各個零件的功能，恐怕也就無法成功地組裝電腦。

　　在工作中，更是需要運用組合思維，我們與同事、上級、下級都需要合作，而這種合作的方式其實就是簡單的人員組合。不管是運用怎樣的方式，我們學習組合思維的目的就是利用更多的優勢來完成某一件事情，而善於運用組合思維的人往往是善於合作的人，他們會利用人與人之間的合作、物與物之間的合作，最終獲得自己想要得到的結果。

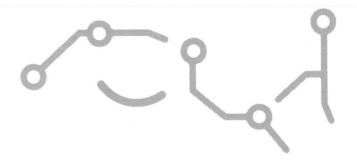

12 判斷思維：它能讓人具備辨別力

很長時間以來，在教育界有一個夢寐以求的目標，就是希望通過某種方式來提高人的智商，讓人變得更有能力。不只是熟練地運用某種技巧，而是使人能夠在學業、職場上獲得更多成就。

經過多年的研究，研究者終於建立並驗證了提高一般思考技巧的教育方法和模式，其中最為核心的部分就是判斷思維技能。經過研究發現，將判斷性思維與學習相融合，這能夠產生更具建設性的結果。當然，這是對判斷性思維在教育界作用的研究。在日常生活中，這種思維的運用也是比較廣泛的。

一位思考教練在課堂上給學生講述了一個真實的故事：

曾經有一位富翁與一位嚮導在非洲狩獵，經過三個晝夜的周旋，終於將一匹狼捕獲。在嚮導正準備將這匹狼殺死的時候，這位富翁制止了他。這位富翁竟然想救活這匹狼，原因是什麼呢？

原來在富翁和嚮導追趕這匹狼的時候，狼逃到了一個「丁」字路口，它正前方是嚮導，而富翁則拿著槍站在狼的身後，狼站在兩個人的中間向嚮導的槍口衝過去，準備奪路而逃。不幸的是，狼在奪路的時候被捕獲，也中了槍。

雖然捕獲了這匹狼，但是富翁卻高興不起來，因為他感到很疑惑，為什麼狼不走岔路，反而要去奪路，難道那條岔路比嚮導的槍還要危險嗎？

富翁將自己的疑惑告訴了嚮導，嚮導說道：「在這裡，狼是一種十分聰明的動物，它們知道只要奪路成功，便有生還的機會，而選擇岔路，必定死路一條，因為這條看似平坦的岔路上肯定有很多陷阱，這是狼長期與獵人周旋所悟出的道理。」

富翁聽了嚮導的話，他決定將這匹狼救活。如今那匹狼被放進了禁獵公園生活，所有的生活費都由那位富翁負責。別人問富翁為什麼要這麼做，富翁說：「是這匹狼讓我明白一個道理，在這個競爭激烈的社會中，真正的陷阱都會偽裝成機會，真正的機會也會偽裝成陷阱。」

思維教練講完故事之後，便問在場的學員，什麼是判斷？

有的學員說判斷是一個思考過程，有的學員說判斷就是取捨，還有的學員說判斷是在經過分析比較後，根據自己的需要做的決定。顯然，思維教練對學員的回答不滿意，教練讓所有學員拋棄現有的職業思維，將自己當成那匹狼，然後去思考，什麼是判斷。

學員經過討論，發現判斷其實就是評估論證，而選擇是一個評估論證的思維過程，無論是人類還是動物，都需要有判斷思維的能力。

瞭解了判斷，我們自然會想到判斷性思維。判斷思維是普遍存在的，比如孩子對是非的簡單辨別，成人對職業方向的選擇，企業家對經營方式的決策，等等。就連學生在考試的時候，填寫的選擇題、判斷題，都需要用到判斷思維。

判斷思維的基礎是什麼？我們回到那匹被富翁捕獲的狼身上，它選擇奪路，而不選擇岔路的理由是什麼？是直覺，而直覺來自被獵人捕獲時逃生的經驗，或者看到其他狼選擇平坦岔路、掉入陷阱而死的經驗。因此，**判斷思維的基礎是經驗。**

一個人無論做什麼事情，在具備相關經驗之後，他就具備了相應的辨別能力。那這是不是就意味著在經驗的基礎上進行判斷思維的思考，就肯定不會出錯呢？答案是否定的。比如我們知道溺水身亡的人多半都具備豐富的游泳經驗，負債累累的多半是經驗豐富的企業主，跌倒在股市裡的人多是「玩股」高手。那麼，為什麼擁有經驗，也會判斷失誤呢？

1.人們用判斷思維去進行判斷，但不一定會執行正確的判斷。也就是說有些人雖然具有了辨別能力，但是不去執行，或者用錯誤的方式去執行，最終導致判斷結果出錯。

2.判斷的物件是隨著時間發生變化的，現在我們覺得好的，不一定永遠都是好的，現在我們感覺是對的，但是不一定永遠都是對的。

3.做出同樣的決策，在不同的時機，所達到的結果也是不同的。因此，在運用判斷思維進行選擇時，一定要掌握好時機的節奏，這點很關鍵。

4.判斷時，沒有著眼全域，也就是對局部的判斷是正確的，但是在整體上卻是錯誤的。

5.所謂「人算不如天算」。做任何事情都有「意料之外」的情況發生，如果我們進行判斷性思維的時候，沒有考慮到「意料之外」的結果，那麼很可能會做出錯誤的判斷。

在判斷思維過程中，我們可以憑藉以往的經驗，但是經驗只是判斷的基礎。除此之外，我們還要判斷自己掌握的資訊是不是充分、真實，時間上是不是充裕，問題是不是簡單，判斷的環境如何，等等，這些都會影響判斷性思維的正確性。也正因如此，判斷思維也就具有了神秘性，所以許多專家學者都稱這種判斷決策是一門很深的學問。而我們瞭解判斷思維，可以幫助我們掌握事物發展的規律。但是在運用判斷思維的時候，一定要明確下面幾點：

第一，**隨機選擇，並不是判斷**。判斷是需要充足理由的，因此，判斷看似是簡單的肯定和否定，其實它是一個嚴謹的論證評估的過程。

第二，**受到主觀因素的影響，判斷的選擇也是有所不同的。**所以，有人做出損人不利己的事情，有人卻能夠大公無私，原因是我們的判斷思維會受到主觀因素的影響。

第三，**從本質來看，判斷思維是最簡單的推理過程，但是它所獲得的結果可能並不簡單。**

第四，**判斷是建立在經驗基礎之上的思維活動**，經驗是基礎，如果沒有經驗，那麼判斷思維的運用意義不會太大。

在日常生活中，我們需要用判斷思維去分析是非對錯以及利弊。我們知道如何做是對自己好，如何做是對別人好，如何做能學習更好，如何做能工作更出色。因此，判斷思維在生活中運用很廣泛，廣泛到人們都不認為選擇的背後是一種複雜的思維方式。我們要具備基本的辨別能力，自然就要鍛鍊自己的判斷思維，在自己的經驗之上，讓自己的判斷更正確。

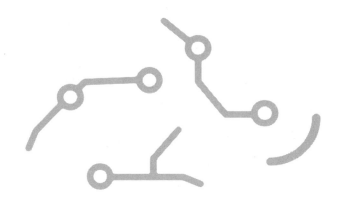

13 系統思維：樹立整體觀念，著眼於全域

系統思維，顧名思義，就是把我們思考的物件看作一個系統，把系統與要素作為出發點，在其系統與環境的關係中去進行綜合性的考察和認知。

系統思維有什麼作用呢？在問題面前，系統思維能夠幫助我們發現事物的本質和重點，從而確保我們站在全域的角度，以制高點的思維去思考和解決問題。當然，系統思維的運用要以我們自身抽象能力作為基礎，通常情況下，我們會將這種抽象思考歸結為整體觀或者全域觀。

在一個事物的發展過程中，可能會包含多項元素，在不同的元素之間必然存在一定的聯繫。要想系統地去思考問題，就需要我們站在所有因素之上，而不是簡單、單純地站在某一個層次或從某一個方面對問題進行思考，更不能從系統中抽出某個元素單獨思考。

除此之外，系統思維要求我們把預期的結果、實現結果的過程以及結果產生的影響進行一系列相關的研究和規劃，最終實現全面思考，而不是簡單地就事論事。所以，我們將系統思維的本質看作一種全面思考的方法，考慮到整個事物的發展過程和結果，這是進行系統思維的必然要求，

有這樣一個案例，我們不妨分析一下：

作為當地經濟龍頭企業的某食品生產集團的總經理，李凱雲自然是有更大的「野心」。因為，在這個地方還有

另一家食品生產企業，這家企業的規模雖然不大，但是固定資產已經達到了3000萬元❺。這家企業的副總經理找到李凱雲，對李凱雲說：「經過我們公司內部商議，希望我們公司能成為您企業旗下的一個分公司。」

　　李凱雲聽了感到十分驚訝，要知道這意味著對方企業是主動請求被收購。李凱雲並沒有立即給對方明確的答覆。而是在自己公司召開了會議，以商議是否收購的事情。會上，大部分企業高階主管對收購這家食品生產企業表示認同，畢竟對方的固定資產也已有幾千萬元。然而，身為市場部經理的小何卻說出了自己的見解：「據我瞭解，這家企業是現金流出了問題，我們不應該在這時收購這家企業。」

　　李凱雲示意他仔細講講，小何說道：「這家企業只有老產品，而沒有新產品研發，整個企業大約有員工三百人，並且沒有專業的銷售團隊，銷售能力很差，單純依靠之前的老客戶和老的銷售管道進行銷售，如果按照他們說的年盈利上千萬元，那麼他們為何要讓我們收購？他們的應收款大概都已經累積到千萬元了，只是收不回來而已。這一點也就表明現在他們的資金鏈出現了問題。我們現在去做收購無非是給自己挖了個坑，我們需要往裡面投至少5000萬元來填平這個坑。」李凱雲聽了之後，對這家企業進行全面瞭解與評估，最終，他放棄收購這家企業。

---

❺ 本書的「元」皆為人民幣，以下皆同，不另作說明。

俗話說：「天下沒有白吃的午餐。」在生活中，當我們真的碰上了「免費午餐」時，就必須進行全面思考，以識別這是不是一場有去無回的「鴻門宴」。要知道現實中存在的誘惑實在太多，而要想不被誘惑，就應該從事物的全域出發，用全域思維思考問題，避免讓自己陷入迷途。而全域思維不就是系統思維嗎？故而掌握系統思維十分重要。

系統思維具有哪些特點呢？我們不妨簡單瞭解一下：

1.整體性

顧名思義，整體性就是將整體置於首位，從整體進行考慮，而不是將整體所包含的任意一部分或者其中一個元素放在第一位。這也就意味著整體和全域將是我們思考問題的方向定位，如果我們拋開整體去思考問題，在選擇與推斷時可能會出現錯誤，陷入困境。

2.要素性

每一個整體的構成都包含多種要素，因此，透過整體，就要求我們對其中的每一個要素的每個部分都進行思考，以此得到一個較為全面的考量，這樣才能保證整個系統運轉的正常。

3.功能性

要想整個系統都能夠呈現出最佳的狀態，我們就要從大局出發，然後適當地對系統內部各個元素的作用或功能進行調整或改變。在這個過程中，我們利用對部分功能的優化或改變，促使整個系統的功能性變得更加強大，從而收穫系統的全域利益。

4.結構性

結構性是通過調整或重組系統中各個結構，使得整個系統內部結構更加合理。單一部分無法組成一個系統，系統是由多個部分組成的，其間能合理地結合對於系統能否正常運營具有一定的影響。因此，系統思維能夠調整系統中存在的問題，這是保證事物運行能夠時刻處在最優狀態的必備條件。

由此可見，系統思維所具備的特點是能夠幫助我們分析和理解系統與系統之間、系統與其內部元素之間的聯繫，同時它對我們探索新的知識領域有一定的促進作用，對新領域的探索能夠讓我們瞭解與掌握新的知識系統。

生活在小城市的李紅豔想要創業，她思考了許久，發現當地兒童才藝班風頭正盛，再加上她自己畢業於師範院校，本身學的就是古箏。於是，她與家人商量之後，便在當地開設一家古箏才藝班。從選址到裝修，買教學器具，前前後後花費了近三個月的時間。

滿腔熱血的李紅豔最初以為辦才藝班應該很輕鬆，只要招生、授課就可以了。但是萬萬沒想到光是在招生階段，李紅豔就遇到了難題。因為她的才藝班剛成立，當地人們都不知道，再加上她根本沒有招生的經驗，就連課時收費標準都是參考其他才藝班。可想而知，培訓班的「第一炮」沒有打響。再加上為了節約成本，培訓機構的選址太過偏僻，很多學生不願意跑這麼遠來學習古箏，最終，就連交了費用的十幾個學生也因交通不便而中途退課。

我們不難看出李紅豔在開設才藝班之前，只是憑藉一腔熱情，並沒有站在全面性的角度對這件事情進行分析，導致她在遇到問題後，沒有看到問題「癥結」所在，也不懂得如何正確處理問題，這才導致她最後創業失敗。我們在對任何事情做出判斷與決定之前，如果不能對事情進行全面的分析，往往就會忽視很多關乎成敗的重要因素，最終的結果一定會影響全局的發展。

　　一個善於進行系統思維的人，總是能站在最高點去看待問題，對系統中的每個細節進行認真的考慮和考量，從而避免出現錯誤與遺漏。除此之外，我們還需注意，系統思維具有動態性，即系統的存在並不是一成不變的，隨著時間的推移、事情的發展，系統也是會隨著發展而變化的。我們必須接受系統的變化，及時去提高自己的全域思維意識，以保證隨時調動全域思維處理問題或認識事物。

14 歸納法：讓人做事情有條不紊

　　要瞭解歸納法，我們還是需要先瞭解它的定義：歸納法是一種從特殊事物到一般事物原理的具有推導性的思維方法，簡單來說就是通過已經掌握的大量事實，從而推理出普遍性的事物特徵或規律，我們常見的數理科目中的大量定律和公式，多是運用歸納法得出的。完全歸納法和不完全歸納法是歸納思維法的兩大類別。當然，在實際生活中，不完全歸納法是我們用到的最多最為常見的一種思維方法，它是通過對一個或幾個事物的推理來獲得一般結論的過程。而完全歸納法則與之不同，它是依據每一個個體所具備的共同特性，去推導出這類事物所具有的某種屬性。

　　作為一種較可靠的推理方式，完全歸納法也存在著它本身的弱點。「不夠實用」就是完全歸納的致命弱點，因為只有在個體數量很少的情況下，我們才能運用這種方式進行總結。相對而言，不完全歸納法就比較實用，但是它的結論卻不一定可靠和合理。因此，我們需要針對完全歸納和不完全歸納所具有的弱點進行彌補，根據事物之間存在的本質屬性和因果關係進行深入探究，從事物所包含的因果關係中探索出事物的必然聯繫，從而得出一般性的結論，這就是一個科學歸納思維的過程。

　　我們可以嘗試通過以下幾種方法來判定事物之間的關係，從而科學地使用歸納思維。

1.求同法

　　將某一事物置於不同的場合之下，能夠出現相同的現象，如果我們可以認定場合是唯一一個共同的因素，那麼我們就可以確定出現這種現象的原因就是這個場合。比如，「是金子總會發光」這句話是怎麼來的？金子為什麼會發光？我們把金子放在陽光下它會發出耀眼的光，放在陰涼處也同樣會發光，晴天它發光，陰天也會發光，然而夜晚金子卻不會發光。我們通過觀察並對這一現象進行歸納不難發現，對光線的反射才是金子發光的根本原因。

2.存異法

　　如果一種現象能夠在一個場景下出現，也可以在另一種場景下出現，而在這兩個場景之下只有一個條件存在不同，那麼我們就能夠判斷這個條件就是出現這個現象的原因。所以我們要想在實際中運用存異法，就需要滿足以下兩個條件：第一個條件是這種現象會出現在不同的場景中，且在不同場景中所出現的現象都具有合理性；第二個條件則是在不同的場景之中的現象，只能夠存在一個不同條件，其他多個不同條件並不存在。

3.剩餘法

　　如果我們已經掌握了某個複雜現象是由另一個原因所引起的，而把其中已經明確了因果關係的那一部分進行刪除，其剩餘的那一部分就不一定能夠再次形成因果關係。也就是，像這樣減掉已知的因果關係，所剩下的恐怕就再也沒有因果關係的存在。

偉大的科學家居里夫人在對鐳元素的探索過程中，也用到了剩餘法。居里夫人在發現鐳元素之前，通過種種實驗，就已經掌握了純鈾存在於一定數量的瀝青鈾礦中，純鈾所發射出的放射線強度的大小與瀝青鈾礦是息息相關的。經過長期的觀察與研究，她發現，瀝青鈾礦所發出的放射線強度要更高。由此她推斷出瀝青鈾礦中一定還存在著一種特殊元素，這種元素能夠放射出較強的放射線。憑藉這個想法，通過反復推敲與研究，居里夫人最終發現了鐳元素。

以上詳盡地介紹了歸納思維的三種方法，對於我們認清楚事物之間的因果關係有很大的幫助。其實除了這些運用科學的歸納思維去進行一般規律的總結之外，還有許多其他的方法可供我們參考和運用。比如，「共用法」和「共變法」等。但是無論運用哪一種方法，其最終目的都是讓我們在最短的時間內探尋到最合適的方法，從而在特殊中能夠快速準確地總結出一般規律。

歸納思維是一種對一般規律探索所必備的方法之一，更是我們對已經得出的判斷和推理進行有效歸納與總結的方法。就好比參加完某項考核之後，你發現自己好像並不具備通過此次考核的能力。此時，你會對自己以往的種種行為或者思想進行再次反思與挖掘，從中得出自己無法通過考核的原因。

梁玉紅是一位房地產仲介，她在銷售上有自己的一套方法；其中，她手中有一間房子在網上掛了已有半年時

間，但是仍然乏人問津。據梁玉紅分析，這間房子面積雖不大，但南北通透，陽光充足，她覺得這間房子的條件非常好，不知道為什麼就是沒人買。

梁玉紅近期一共帶了三組客戶去看屋，第一位客戶拒絕的理由是：「我們家裡有三代六口人，兩房一廳面積太小。」第二位客戶拒絕的原因是：「我家的東西太多，雖然這間房子住得下我們一家四口，但是缺少收納空間，整個家裡會混亂不堪」第三組客戶是一對老夫妻：「我們還有幾年就退休了，這個房子周圍沒有公園，連菜市場也沒有，不適合我們將來養老，因為生活機能不好。」

一連三次遭到拒絕的梁玉紅很沮喪，但她透過對這三組客戶所提出的不滿進行了分析，發現這間房子應該最適合一家三口居住，也就是父母帶一個孩子，父母最好是上班族，孩子可以就近入學；因為忙於工作，父母對於有沒有休閒設施也不會過於在乎，透過自己的一番歸納總結，她鎖定目標客戶，在之後短短的一個月之內，便將這間房子順利出售給了一個三口之家。

在日常生活中，利用歸納法對一般事物規律進行有效的歸納總結，是一種非常實用的「技能」，掌握這項技能就能夠讓我們的生活更為順暢。而當我們在運用歸納思維的時候，一定要保證自己所推導出的結果是準確可靠的，探究如何去保障結果的可靠性，就離不開對事物內在的關係和聯繫進行全面瞭解與掌握。因此，歸納思維運用的實質就是對事物內部關係的掌握和事物內部特點的一種探尋。

15 歸納推理的三段論

歸納三段論是什麼意思？看到這個標題的時候，我們是不是感覺很迷茫？我們瞭解到提出歸納推理三段論的是亞里斯多德，他認為這是用三段論來表述歸納過程的一種歸納推理形式。

單純看這個概念，我們可能不明白歸納三段論是什麼意思。那麼，我們不妨用下面的例子展開分析闡述：

在第一次世界大戰時，德軍向法軍發起了猛烈的進攻，法軍為了能夠順利地避開德軍，找個地方養精蓄銳，巧施「隱身術」，躲藏了起來，德軍一時之間失去了攻擊目標。

德軍指揮官十分氣憤，便下令偵察敵情。一天，德軍一名軍官用望遠鏡搜索法軍陣地，發現從法軍陣地內，慢慢地爬出一隻十分名貴的波斯貓，它懶洋洋地躺在那裡曬太陽。於是德軍軍官便判斷出對方陣地必然有指揮所。

具體的推理過程是這樣的。第一步，德國指揮官認為凡是有名貴波斯貓的地方就有法軍的高級指揮官，前方陣地有名貴的波斯貓，所以前方陣地肯定有法軍高級指揮官。第二步，凡有法軍高級指揮官在的地方就有法軍高級指揮所，前方陣地有法軍高級指揮官，所以，前方陣地肯定就有法軍高級指揮所。

其實德國軍官的這個推理過程就是運用了歸納三段論。三段論就像是思想在上階梯，只有搭建好第一層階梯，才有可能上到更高的階梯。實際上，三段論是一個一般的大前提以及一個附屬的小前提，從而引申出一個符合一般性原則的特殊化結論的過程。

從思維過程來看，任何三段論必然具有大、小前提和結論，缺少任何一個部分都無法構成三段論推理。當然，在生活中，我們為了語言上的簡練，也會省去其中某個部分不說，省去不說的部分可能是大前提，也可能是小前提，當然也可以是結論。

1.省略大前提

「你是新聞系的學生，你應當學好新聞學理論。」這句話中，省略了「凡是新聞系的學生都應該學好新聞學理論」這個大的前提。

2.省略小前提

「這個小品不是好作品，因為小品只有讓人笑了才能稱得上好作品。」這句話的小前提是「這部小品不好笑」。

3.省略了結論

「所有的人都會犯錯誤，你也是人。」這句話省略了結論「你也會犯錯誤」。

在生活中，我們會不自覺地用到三段論，如果我們不瞭解邏輯思考的知識，可能不會意識到自己在使用三段論。

小張在工作中，與同事發生了分歧，同事說小張做事情太武斷，根本不考慮團隊其他人的意見，而小張認為自己比其他同事經驗豐富、從業時間久，所以掌握的技術比較熟練，做出的決定也會最正確。沒想到因為這件事情，同事說小張：「每個人都有判斷失誤的時候，你也是人。」

　　聽了同事的話，小張雖然很不高興，但是他不得不承認，同事說得很有道理。小張承認自己也會有判斷失誤的時候。

　　第二天，小張到了單位，他決定按照同事的建議，重新做出決定。

　　三段論的思維方式在某種意義上來說，可以達到促使人們自省的目的。我們在生活中，與別人溝通和交往，可能有些話不方便直截了當地表達出來，這個時候，不妨運用三段論的方式表達出來，這樣能夠讓對方自己去思考和覺悟。

　　當然，三段論的運用也是需要謹慎的，畢竟並不是所有的事物具備了大前提、小前提和結論，都能稱之為三段論。比如我們說「金子都是發光的，這個小圓球是發光的，那麼小圓球是金子做的」。這個看似是三段論的推理方法，但是不成立。雖然大前提是對的，小前提也是正確的，但是結論不一定正確，即小圓球發光不一定是金子做的，還可能是其他物質做的。因此，在生活中，要學會正確地運用三段論進行推理，並不是所有情況下都能運用這種論證推理方法。

第 三 章

邏輯的進階：
幫你感知思維的
生長與變化

16
收斂思維：尋找正確的答案

歸俗話說得好：「內行看門道，外行看熱鬧。」在許多時候，人們在訊息量的佔有上並沒有多大的差距，也無多大差別，但有些人能從中看出問題，而有些人卻始終看不出問題所在。這究竟是為什麼呢？這主要是由於頭腦的內在思維觀察結構不同所。收斂思維能力比較強的人，他的思維能力、觀察能力都相對嚴謹細密。因此，在獲得相同的資訊後，他們對資訊的提取率也是比較高的。由此可見，收斂思維能夠幫助我們找到正確的答案，讓我們更好地讀取外界資訊。

收斂思維又被稱作集中思維或輻軸思維，聽起來是否覺得難以理解？其實，收斂思維指的是某一種問題僅僅有一種正確答案。為了能夠獲得正確的答案，就要求我們在思考整個問題的過程中，思考的每一步都能指向這唯一的答案。

收斂思維的中心點是什麼？其實，收斂思維是以某種研究物件為中心的，大腦會收集各種資訊和思路，通過比較、篩選、組合和論證，從而得出現有問題解決的最佳方案。

收斂思維就如同是打靶一樣，所有資訊的收集如同是射擊，目標就是靶心。我們需要尋求最佳的結果，或者說是在一定條件下，保證結果最佳。擅長運用收斂思維的人，解決問題的過程就是實現目標的過程。

童年時期的馬克西姆‧高爾基（Maxim Gorky）在食品店打雜，這個時候店裡進來一位客人，這個客人提出了一個十分刁鑽的要求：「我要訂九個蛋糕，但是要分別裝

在四個盒子裡，每個盒子裡至少要裝三塊蛋糕。」

聽了客人的要求，店裡其他的員工不知道要怎麼做，高爾基卻想出了辦法。他先將九塊蛋糕放到三個盒子裡，每個盒子裡放三塊，再將三個盒子裝在一個大盒子裡，用包裝袋紮好。

一般來講，遇到這種刁鑽的客人，我們可能會直接上前與其進行理論，認為對方是在為難自己。而高爾基卻用收斂思維巧妙地化解了客人的「刁難」。對於年幼的高爾基來講，他可能並沒有意識到自己的思維是收斂思維，但是他運用這種思維化解了矛盾。

在日常生活中，有些人對收斂思維存在誤解，認為這種思維保守，不存在創造性，這種認知大錯特錯。收斂思維並不是保守思維，它在各個方面和領域都是開放性的，比如我們在桌子上擺放了四種物品，需要通過觀察四種物品，找到與眾不同之處，還需要找到兩種物品的相同之處。在處理這個問題的過程中，我們便需要運用收斂思維。在這個過程中，我們不能說這種從已知物品身上尋找不同之處的方法就不屬於創新。

在生活中，運用收斂思維來尋找正確的答案，對我們解決問題有何好處呢？

第一，避免直接面對矛盾點。如果我們的眼裡只有結果本身，我們一味地去追求結果，那麼追求結果的過程可能會變得冒進。而換句話說，如果我們從另一個角度去思考，我們想的

是以結果為導向，將掌握的資訊和思想進行彙集，從這些思想中提取有利於實現結果的那部分內容，在做事情的過程中，我們會發現結果的實現也並不是太難。

第二，利用收斂思維的獨有性，我們可以找到更合適的解決問題的方法。對於某些問題的解決，運用一般的方法去解決問題是無法實現的。此時，我們就需要運用獨到的解決方法來讓自己掌握更多的資訊。

第三，利用收斂思維的比較性，我們能夠看到事物的與眾不同之處。對於尋找事物的特點，利用事物特點來解決問題是有一定幫助的。

聰明的人善於利用收斂思維來處理棘手問題，在運用這種思維的過程中，我們要遵守事物的真理性和邏輯性，要求實事求是，符合客觀事物發展規律。只有這樣，我們才能找到問題的正確答案，避免陷入思維混亂，從而導致問題無法得到解決。

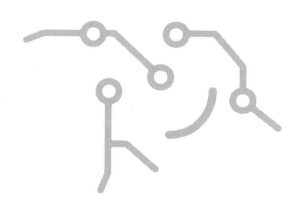

17

博弈思維：鬥智鬥勇的出發點

什麼是博弈思維？要瞭解博弈思維，我們就需要先瞭解什麼是博弈，博弈本義指的是下棋，而在這裡如果將博弈理解為下棋，顯然就不太合理了。博弈是指一切有對抗、有對手的遊戲，遊戲結果會有輸有贏。而生活中，我們常見的各類比賽，都屬於博弈性的活動。而最早形成的博弈思維也是由人們由下棋這類的活動總結出來的，所以才被稱作為博弈思維法。

我們以下棋為例子，一個人絕不能僅僅考慮自己的棋子要下到哪兒，而是時時刻刻都要考慮對手的下棋思路，思考對手可能會走怎樣的棋路。這就形成了博弈思維的實質——也就是自己思考的策略基礎是對手所採取的策略。我們所熟知的「田忌賽馬」的故事，便是充分利用博弈思維的體現。

　　齊國將軍田忌和齊威王進行賽馬比賽，實行三局兩勝制。田忌的好友孫臏經過觀察發現，賽馬腳力差不多，而齊威王選用的馬腳力更勝一籌，按照常理出牌，恐怕田忌會輸掉這場比賽，於是，孫臏將田忌的馬可以分為上、中、下三等。用下等馬對付齊王的上等馬，用上等馬對付齊王的中等馬，用中等馬對付齊王的下等馬，結果經過三場比賽，田忌取得了兩場勝利，而齊王則只有一場勝出，最終田忌贏得齊威王的千金賭注。

這則故事可謂家喻戶曉，在故事中，孫臏所運用的便是典型的博弈思維，我們經過仔細分析會發現，原本齊威王是佔有絕對優勢的，他的三匹馬腳力都要優於田忌。而孫臏的這種賽馬方式，讓田忌以「三局兩勝」獲得最終的勝利，這就是博弈思維的神奇之處。因此，我們可以知道，在對抗中，本來強大的一方如果不能利用博弈思維，也會出現失敗，而原本看似弱勢的一方，運用了這種博弈思維，反而能夠取得勝利。所以，在對抗的過程中，博弈思維是人人都離不開的思維方式。

落實在具體的操作層面，我們會發現博弈思維其實就是一個分析、選擇的過程，即分析對手可能採取的種種策略，再根據自己制定的策略來進行選擇。當然，我們要運用博弈思維，就需要做到以下幾點：

1.知己知彼是前提。我們要運用這種思維，首先要做到瞭解自己的能力，同時也要瞭解對方的能力。這樣能夠保證自己在博弈的過程中，真正做到有的放矢。

2.能否獲勝固然很重要，但是對手的表現也是十分重要的。我們在運用博弈思維的時候，關注點不僅是博弈的結果，而且要關注對方的表現，這能夠讓我們在博弈思維運用的過程中，及時地進行思路的更新。

3.確定自己的行為目標尤為重要。我們要使用博弈思維，那麼我們是要實現怎樣的目標，實現怎樣的目標行為才會有效，這點也是十分重要的。

4.我們要明白實現目標的種種方法是什麼，在這個過程中，我們要提出自己的解決方案，獲得種種可能性。

5.我們用博弈思維進行思考問題，就是希望通過分析，瞭解事物的優劣之處，最終選擇一個佔有優勢的結果。

　　總而言之，我們所謂的博弈思維法，其實就是一種預測與選擇相互結合的方法和智慧。需要強調的是，博弈思維的關鍵是盡可能地利用事物的種種可能性，不留漏洞，同時要保持清晰的思維和思路。另外，我們需要對博弈思維進行更深刻的認知，將其真正運用到我們的日常生活和工作中。

18
求易思維：複雜簡單化的做事風格

求易思維並不是挑選簡單的事情去做，而是要求我們將複雜事情簡單化，這樣做的目的是能夠實現化繁為簡，這種思維又被稱作簡單思維。

要運用求易思維，就需要我們在看待問題的時候，不僅能夠將簡單的事情看得簡單，更應將複雜的事情簡單化處理。世間萬物，本就不複雜，很多時候只是人們將事情複雜化了。我們在思考事情或處理事情的時候，如果能夠遵循事物的客觀規律，就一定能夠撥開迷霧看到事物的本質，從而找到解決複雜問題的簡單鑰匙。

有位哲學家說過這樣的話：「最偉大的真理往往是最簡單的真理。」這也就表明，用簡單的思維去思考複雜的事情，往往能夠得到我們想要的結果。這也就是我們常說的「看似簡單，實則最好」。

簡單思維的核心就是「簡單」，在生活中，我們經常會將簡單思維理解為幼稚的、簡陋的、不動腦子的思維方式，比如人們常常去譏諷那些蠢笨的人，譏笑那些頭腦簡單的人，根本不懂得靈活變通地看待問題。

如果我們換個角度，從思維科學的角度去講，求易思維並不是一種低級的思維方式，因為這種思維有著特殊的功效，能夠提高我們的思維效率，這對進行多種思維是有幫助的。在生活中，我們在思考問題的時候，經常會陷入誤區，將簡單的事情複雜化處理，其實，簡單的往往是最好的，簡單的往往是最正確的解決辦法。人為複雜化只會帶來麻煩，並將自己推入兩

難境地，因此，適當地運用求易思維，對我們處理生活中遇到的問題是有幫助的。

　　在一個大學課堂上，來了一群小學生，同時在座的還有一群大學生。教授走進教室，開始了自己的課程。

　　教授在黑板上寫了一道題「1+1=？」他示意大學生先說出答案，只見大學生沒有人立即回答，他們擔心教授出這麼簡單的問題裡面可能有陷阱，於是開始思考。此時，在座的小學生忍不住了，七嘴八舌地回答道：「1+1=2啊！」教授沒有立刻說出對錯。過了幾秒鐘，只見一個戴著眼鏡的大學生站了起來，說道：「這道題目並沒有那麼簡單，很多時候，我們的生活中，1加1並不等於2，比如我們兩個人的力量不見得大於一個人的，同樣也有可能，兩人合作的力量遠遠超過兩個個體相加的力量。」

　　聽了大學生的回答，小學生一臉茫然。此時，大學教授說道：「小學生回答得很正確，1加1就是等於2，這是我們從小就學過的數學知識。」他緊接著說道，「我們大學生不敢說出這個答案，並不是我們不知道1加1等於2，而是我們大腦學了很多知識，我們習慣了用複雜的知識去處理簡單的事情，這樣反而讓我們找不到正確答案了。」

　　的確，在生活中，我們也經常會犯大學生這樣的錯誤，因此才有了「三年學個好醫生，十年學個糊塗蟲」的民間俗語。

隨著年齡的增長，我們看待問題的方法發生了變化，看待問題的角度也有了變化，這與我們的閱歷也是有關的。

閱歷越豐富，似乎越難看清事物的本質，即使事物的本質是如此簡單地擺在自己面前，自己寧可用複雜的邏輯去剖析、去論證，也不相信簡單答案的正確性。其實，這也是我們要運用求易思維的原因之一。

在生活中，很多事物原本是簡單的，而我們習慣了用複雜的思維去看待問題，這就造成了我們無法直接得到簡單的答案。而求易思維，就是將原本簡單的事情正常化處理，複雜的事情簡單化思考。

1.求易思維能直達事物的本質

我們運用思維思考問題的目的是什麼？其實很簡單，就是看清事物本質，找到解決事情的方法和思路。那麼，求易思維便是我們看到事物本質的最有效的思維方法之一，當然，它的效果也是顯而易見的。

2.求易思維能讓我們發現複雜之下的內涵

複雜的事情是由什麼組成的？其實，複雜的事情是由一個個簡單的事情組成的。就如同一個打了結的毛線圈，它是由一根毛線組成的。因此，求易思維會讓我們做事情更有信心，這是擊敗「畏難」心理的關鍵。

簡單是一種藝術，也是一種境界，是發現真我，自我實現的選擇。最好的東西永遠都是簡單的，將複雜事物簡單化，能夠讓我們看到事物的本質，從而找到解決問題之道。同樣，求易思維能夠讓我們更加有信心去面對困難，在困境中，求易思維如同抽絲剝繭般的存在，我們能看清事物的本質，找到解決問題的最佳途徑。

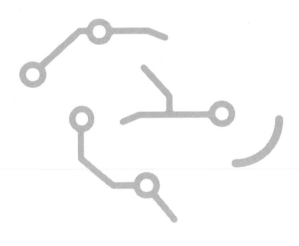

19

追蹤思維：十萬個為什麼

提到追蹤，你是不是會有一種「打破砂鍋問到底」的感受？追蹤思維則要求我們培養深度思考能力。它指的是我們要能夠不斷地去追問事物的根本原因。如果我們能夠理解事物的根本原因，這就意味著我們更容易洞悉事物的本質。

如果我們將追蹤思維定義為尋找事物的本質和根源，那麼為什麼我們不會對事物產生本質的認知？其實很多時候並不是我們不具備認知事物根源的能力，而是因為我們懶惰，沒有充分地研究事物為什麼會這樣存在，我們缺少質疑精神、少問幾個「為什麼」。

當然，有時候，我們沒有耐心，對於要做的事情，總是想要以最快的速度獲得結果，殊不知，如果問題的根源不思考清楚，我們要得到結果便會困難重重。而挖掘事情根源的過程，就是追蹤思維的體現。

有的人會說，我的生活中遇到了很多問題，這也浪費了我很多時間和精力，阻礙了我的成長，而這些問題卻一直得不到解決。比如，我習慣了拿起手機就玩，一玩就是幾個小時，我知道每天刷抖音毫無意義，也浪費了休息時間，但是我就是控制不住自己，因為我已經養成了習慣。雖然我明白要努力去克制自己，但是我不願意付出努力。想必很多人都會有這個習慣，如果不能追問自己，為什麼難以戒掉這種壞習慣，恐怕問題就會一直存在，然而，如果我們具備了追蹤思維，就會發現，玩手機是順應了身體休息的節奏，這種節奏是可以用其他習慣來代替的，比如看書、運動。因此，我們看到的很多行為是表現

出來的現象，它並不是結果。關鍵是我們要認清習慣的本質，找到改變的理由。

人類是最具有主觀能動性的，只要我們敢於挑戰自己，敢於追問問題的本質，我們就能夠突破自我，找到根本原因所在，我們也就能解決問題。

1.追蹤思維促使我們去找到真相

無論我們做什麼事情，我們都希望能夠看到事物的真相，然而，並不是所有真相都裸露在事物表面，大部分的真相是隱藏在事物內部的。因此需要通過追蹤思維找出事物的真相。

「媽媽，我是從哪裡來的？」

「你是媽媽生的。」

「那媽媽你是從哪裡來的？」

「媽媽是媽媽的媽媽生出來的。」

「那媽媽的媽媽是從哪兒來的？」

「是媽媽的外婆生出來的。」

這樣的問答，我們小時候可能都經歷過，最後媽媽被問得無法回答時，會對孩子說：「按照一位名叫達爾文的生物學家的進化論來講，最早的人是從古類人猿變的。我們每個人都是媽媽生出來的。」

終於，我們找到了答案，「人都是媽媽生出來的」。

這種追問是每個孩子的天性，也是追蹤思維的原型。

2.追蹤思維運用十分廣泛

在生活中，無論是我們學習知識遇到問題，還是工作中遇到問題，如果我們能養成追蹤思維的習慣，那麼解決問題也就十分簡單了。而那些會深度思考的人，幾乎明白了追問事物的本質。

在生活中，我們會看到一些人為了逃避思考而願意做任何事情，然而，想要培養自己深度思考的能力，必須發掘事物的本質。當然，很多人都知道思考能力很重要，但是他們就是有這份心，也沒這份力，不敢去面對困難、深入探究。

曾經有家媒體對一件看似平常的事件進行了追蹤報導，原本別家媒體一次就報導完成的事件，這家媒體用了四年時間，連續四年追蹤報導。最終，因為報導的翔實、完整，不僅幫助當地相關部門解決了問題，還幫助當地百姓過上了幸福生活。

可見，追蹤不僅是挖掘事物的本質，還能觀測事物發展的過程，對事物未來的發展方向進行探索。比如，我們追蹤一顆花苞的開放過程，就會收穫花朵開放時的美麗，甚至能夠收穫花朵凋零後的碩果累累。

隨著社會的進展、科技的進步，追蹤思維能夠幫助我們獲得更多的社會資源，豐富我們的物質文化生活。如果你現在開始培養深度思考的意識，養成追蹤思維的習慣，你會發現我們不僅看透了事物發展的過程，也能發現事物的本質，避免自己走彎路或者掉入不必要的陷阱。

追蹤思維要求我們具有質疑精神，即我們要看到的不僅是事物的結果，而且要看到結果背後的真相和本質。要挖掘事物隱藏起來的本質，就需要我們多看多問，「為什麼會產生這樣的結果？」「為什麼我無法實現成功？」凡事多問幾個為什麼，這對我們的成功是有幫助的。

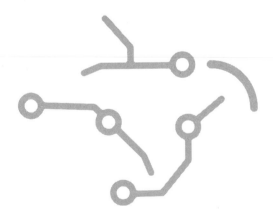

20

求異思維：突破慣性思維的束縛

　　什麼樣的思維可以稱之為求異思維？我們先從概念上來講，求異思維又被稱作發散思維，指的是我們在對某一事物進行認知的過程中，不會受到已有資訊或者已有思路的限制，通過不同的方法、手段去尋求不同答案的一種思維方式。單純從概念來講，可能很難想像出在怎樣的情況下去運用這種思維方式，我們不妨先看一個耳熟能詳的故事。

　　　年幼的司馬光正在和小夥伴玩耍，其中有一個小孩爬到了大水缸上面玩，不小心掉進了水缸中。其他孩子見到這種狀況驚慌失措，司馬光卻急中生智找來了一塊大石頭，用力將石頭扔到了水缸壁上，水缸瞬間破了一個大洞，水流了出來，落水的小孩得救了。

　　想必，大部分人都聽過「司馬光砸缸」的故事，而司馬光用石頭砸壞水缸救人的做事方式其實就屬於求異思維。那麼，求異思維有什麼特點呢？

1.靈活性

　　求異思維具有靈活性的特點，也就是我們日常所說的變通性，講究在看待問題的時候能夠靈活變通，不局限於事物的某個方面，也體現在我們處理問題時，思維的靈活變通。而求異

的基礎便是靈活的思維運用，能從思維的某一方面，跳到更多的方面，從而形成多向思考。

2.積極性

求異思維的積極性指的是人們在面對問題時，能夠積極、主動地尋求不同的解題答案。在生活中，無論我們做什麼事情，都需要用積極、主動的態度去完成，這樣才能獲得成功，取得成果。

3.多元性

求異思維多元性指的是思考方式多方發散，它不同於一元性思維方式，因為一元性思維方式是單方向的思維方式，而求異思維可以稱之為一種發散的思維方式，能夠找到與眾不同的思維認知特點。

求異思維要求我們擺脫正常的習慣思維方式，突破傳統的思維慣性，從獨特的角度去思考問題，從而形成新的思維方法和解決問題之道。

夫妻兩個人帶著六歲的孩子來到一個新的城市，他們找了一天，希望能夠租到適合的房子。

直到傍晚，他們才看到一張公寓出租的廣告貼在一個巷子裡。夫妻二人按照地址，敲開了公寓的門，走出來一位老人。

丈夫表明了來意，老人說道：「實在抱歉，我們不出租給有孩子的家庭。」

夫妻二人十分無奈，老人關上了門，一家三口決定離開。這個時候，六歲的男孩眼珠一轉，似乎想到了什麼。

　　男孩再次敲開了老人的門，男孩對老人說道：「老爺爺，你的房子我租了，我沒有孩子，但是我帶了兩個大人。」

　　老人聽了男孩的話，笑出了聲，就這樣一家三口成功租下了這個公寓。

　　不得不說，這個孩子是聰明的，他運用求異思維幫助了他們一家三口。在生活中，我們需要用求異思維來從事物的多個角度去思考，從而找到合理的解決之道，最終實現我們最初設定的目標。

21 逆向思考：反其道而思之

我們先看一則有趣的故事：

小張在上火車之前，發現手機被偷了，他請朋友幫自己尋找，朋友用自己的手機向小張的手機發了一則簡訊：「哥，我沒有等到你，但是火車要開了，我把欠你的五萬塊錢放到了火車站置物櫃A27號櫃子裡。」緊接著又發了一條信訊：「忘了告訴你密碼了，密碼是2307」。

半個小時之後，小偷站在置物櫃A27號前被小張和朋友抓住了，並送到了警察局。

朋友如果直接告訴小偷將手機還回來，顯然是毫無意義的，而運用逆向思考，利用小偷的「貪財」心理引誘其就範，最終就抓住了小偷，又找回了手機。

什麼是逆向思考？要弄清楚逆向思考，我們必須瞭解，人的思維是有方向性的，即我們常說的正、反兩個方向，逆向思考就是讓思維向著對立面的方向發展，從問題相反面進行探索，即反其道而行之。

要界定是否屬於逆向思考，其根本因素則是思維的方向性，而這種方向性的界定則是依據人們日常思維習慣。比如，一位父親要求孩子寫作業，而孩子想要玩玩具，拒絕了父親讓其寫作業的要求。此時，父親轉變思維，對孩子說道：「這樣吧，爸爸來寫作業，你當老師，來檢查作業，這怎麼樣？」孩子聽

到自己可以像老師一樣檢查作業，內心自然充滿歡喜。而父親卻故意將題全部做錯，孩子認真檢查的過程中，會仔細地重新做一遍。這樣一來，讓孩子做作業的目的也就達到了。

在生活中，逆向思考運用比較廣泛，但其運用也講究一定的原則。逆向思考的使用需要我們明確目的，不能毫無目的地亂用逆向思考。與此同時，更要尊重客觀事實，即建立在客觀事實的目的之上，我們才能實現逆向思考。

我們既然明白了逆向思考的使用原則，可為何很多人不願意使用這種思維方式去解決問題或進行問題思考呢？其實原因很簡單，因為一部分人懶得動腦，他們習慣了用某種思考方式之後，便懶得動腦使用新的思考方式，這類人在大腦中會自動忽略逆向思考。另一種人則是因為不想改變自己固化的思維方式，大腦總是在抗拒新的思維方式，認為固有的思維方式是最直接和最高效的。那麼，逆向思考到底要如何去使用呢？

1.擁有質疑精神，從質疑出發，尋求突破

在生活中，我們習慣於怎樣思考問題，便會用固有的方式去思考問題，很少去質疑自己固有的思維是否正確。因此，要使用逆向思考，先要學會質疑，即提出疑問，從疑問中尋找不同。

2.從質疑中審視已知的事物

對於已知的事物，我們要敢於擺脫迷戀心態，要去發問質疑，並進行合理的揚棄，這可謂逆向思考的遞進層面。我們通過下面這則例子便能清楚地進行認知：

一位女士進入一家服裝店，要買一件襯衫，老闆告知其襯衫需要花費60元，而這件襯衫的進價是50元。

　　女士遞給老闆100元，因為這位女士是第一個客人，老闆手裡沒有零錢，只好求助於開餐廳的鄰居。從鄰居那裡換來了100元的零錢，服裝店老闆給了女士40元。

　　這位女士走後，餐廳老闆找到服裝店老闆，告知其100元為假鈔。服裝店老闆只好拿一張100元的真鈔還給了飯店老闆。那麼，請問服裝店老闆虧損了多少錢？

　　要知道老闆虧損了多少錢，常用的思考方式是：虧損金額等於支出金額減去收入金額。支出金額是襯衫的進價50元與給飯店老闆的100元，收入則是賣襯衫的60元，虧損金額則是150元減去60元，即服裝店老闆虧損90元。

　　而運用逆向思考解決這一問題，則是服裝店老闆損失的錢即女士賺走的錢，即一件襯衫50元、找零40元，加起來一共90元。

　　兩種不同的思維方法解決同一問題，你會發現逆向思考就是從質疑中得到已知的結果。

3.在反思的過程中，獨闢蹊徑

　　反思的過程則是逆向思考最為深入的層面，也就是人的內心的自我活動，是一種反觀問題的內省方法，通過反思可以消除僵化的障礙，達到優化思維的目的。

曾經在一家自助餐廳，牆上貼著一個醒目的提示：吃不完造成浪費的罰款20元。

　　或許你以為這樣客人就不會出現吃不完浪費的現象了，相反，浪費現象依然很常見。這天好友對自助餐廳老闆說道：「你把這個提示改一下，改成『完食獎勵10元折價券』。」

　　這位自助餐廳老闆照做了，出乎意料的是很少出現浪費的現象，不僅如此，店裡的生意更好了。自助餐廳老闆不解地問好友，為什麼會有這種效果？

　　好友笑著說道：「千萬不要讓客人覺得吃虧了，而是要讓他們覺得自己占了便宜。」

　　逆向思考是一種反向的思維方式。任何問題都需要人們大腦付出思考，找到解決問題的對策，從而達到解決問題的目的。而應用逆向思考，就是從反方向來進行思考，反其道而行之，這種思考方式離不開人們的大膽質疑，更離不開人們的反思和自省。當然，這種思考方式可以說明我們打開問題的大門，發現新的解決問題之道。

22 水平思考：條條大路通羅馬

水平思考與正面思考是不一樣的，水平思考也被稱作橫向思維，不是常見的思考方式之一。

世間萬物之間都有聯繫，很多時候，我們之所以沒辦法把事情做好，不是因為我們不夠聰明，也不是因為我們掌握的知識不夠，而是因為我們沒有把握事物之間的聯繫，或者是我們沒有發現事物之間存在聯繫。而一些問題的解決，正是因為明確了事物之間的聯繫。

數年之前，奧地利有一位醫生正在為一道醫學難題發愁。他在想如何能夠檢查出人的胸腔積水，為了解決這個問題，無數醫生付出了很多心血。

這位奧地利醫生的父親是一位酒商，在賣酒的時候，父親只要用手敲一敲酒桶，通過聽酒桶的聲音，便能夠知道酒桶中還有多少酒。突然，他靈機一動，心想人的胸腔不就是一個「酒桶」嗎？如果用手敲一敲胸腔，憑藉聲音，不也就能診斷出胸腔積水的病情了？因此發明了叩診。

可見，很多事物都需要耐心地推敲，水平思考正是幫助我們打開迷宮之門的鑰匙。善於運用這種思維方式，能讓我們在看似「無解」的問題面前找到合理的答案。

水平思考又被稱為「旁通思維」，它屬於發散思維的一種，這種思維的方向是沿著正向思維旁側開闢出新的思路，也就是所謂「看似問題在此，其實解決問題的『鑰匙』在彼。」

古語有言「他山之石可以攻錯」，這就是水平思考的運用。當然，要擁有水平思考，就要求我們的頭腦夠靈活，善於另闢蹊徑。

在美國，幾乎每個家庭都有電冰箱，這種情況已經持續了很多年，但電冰箱的利潤卻很低，美國的廠商也無能為力、束手無策。而日本人卻有一個很棒的想法，他們設計出一款類似19英寸電視機外形尺寸的小型電冰箱，這讓美國人意識到原來在辦公室、車上都可以使用電冰箱。因此，全家外出旅遊，會帶上這個微型冰箱，裡面會放上冰鎮啤酒、飲料或水果，人們在旅途中也可以享受到冰箱帶來的清涼飲品。微型冰箱改變了許多人的生活方式，也提高了微型冰箱的市場佔有量。

其實，微型冰箱與家用冰箱的工作原理是沒有區別的，差別只是產品所處的環境。日本冰箱廠商將微型冰箱定位為辦公室、汽車、旅遊等其他方向，有意識地改變了產品的使用環境，這就引發了消費者的追捧，創造了價值。

顯然，這是一個成功運用水平思考的案例，我們在生活中，運用到水平思考的時候會有很多，但是在運用的時候，一定要注意以下幾點：

1.水平思考要有依據

　　水平思考一定是有依據的，而不是肆意妄為地亂想，我們可以發散思維去分析事情的解決之道，但是不能毫無根據地謀求出路。

　　一個果農因為懶惰沒有給果樹打農藥，在果子成熟之後，發現很多果子都有蟲子咬過的痕跡，消費者看到有蟲子咬過，自然不會去買他的果子。果農想了想，便在有蟲子的果樹上掛上「無農藥殘留」的牌子。

　　遊客到了果園採摘的時候，看到樹上的果子，爭相去採摘。果農邊笑邊解釋道：「蟲子是很聰明的，它們只咬最甜的水果。」

　　很快，果農的水果就被買光了。

　　果農正是利用了水平思考去解決自己的實際問題，他之所以有這種解決問題的思路，主要是因為他找到了依據，即「綠色食品」。隨著人們生活水準的提高，人們不再單純注重水果的外觀和口感，有些人開始看重食品的安全性。果農正是抓住了這點，他才有了創新的思考和經營模式。

2.水平思考需要跳脫原來的思維模式

　　我們要進行水平思考，肯定需要跳脫原有的思考迴圈，否則很容易掉進現有的思維陷阱。在很多時候，正是因為我們無法跳出原有的思維，所以才導致我們無法運用水平思考，從而找不到通往「羅馬」的「新路」。

　　在生活中，我們需要有更多的思考過程，也需要讓自己的思維變得活躍起來。因此，善於利用水平思考的人能夠輕而易舉地解決掉看似困難的問題，也能在最短的時間內實現自己的目標。

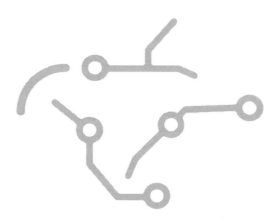

23 辯證思維：白中有黑，黑中有白

想必很多人小時候都做過這樣一個小實驗：

在白色染料中滴入一點黑色，白色染料會變成灰色。如果在灰色染料中，再加入大量的白色，灰色染料會恢復成白色。

開始的白色和後來灰色變成的白色，通過肉眼來看可能並無差別，但是我們不得不承認，後來灰色變成的白色中是存在黑色染料的。

其實，通過這個小實驗，我們可以思考，人們肉眼看到的事物並不都是真實的，而從思維角度來講，看待任何事物要辯證地去認知，即「白中有黑，黑中有白」，不要只看到事物的一面，也不能單純地看到事物好的一面，看不到事物不好的一面。

辯證思維指的是**承認矛盾、分析矛盾、解決矛盾**的思維方式。任何事物的發展都離不開矛盾性，而矛盾的存在並不意味著問題無法解決，反而象徵著問題具有進步的空間。

在邏輯思考過程中，事物一般是「非此即彼」或者「非真即假」。而辯證思維，要求我們能看透事物的本質，發現事物「亦此亦彼」「亦真亦假」的一面。因此，辯證思維是一種世界觀，它能讓我們知道萬物之間是存在相互聯繫的，也是相互影響的，而辯證思維正是以世間萬物的客觀聯繫為基礎的。

我們對事物的看法會影響到我們的行為，而事物總是有正反兩個對立面的。辯證思維能夠幫助我們看到事物的兩面性。

愛迪生在試驗製作白熾燈泡的時候，經歷了多達1200次的失敗，有一位商人便諷刺愛迪生，說他是一個毫無成就的人，甚至質疑他的白熾燈泡試驗。

愛迪生聽了大笑著說道：「我已經取得了很大的成就，因為我證明了1200種材料是不適合做燈絲的。」

通過愛迪生的回答，可以看到愛迪生和那位商人看待事情的立場不同，看待事物的角度也不一樣。那位商人只看到了愛迪生的失敗，根本沒有看到愛迪生的失敗其實也就是成功。

在生活中，這樣的例子還有很多。

一位母親在夜市上擺地攤，旁邊是自己三年級的女兒，女兒在一旁寫作業。夜市上人流湧動，十分嘈雜。母親忙著給客人挑選商品，而女孩則認真地做著作業。

「讓孩子在這樣嘈雜的環境寫作業，她怎麼能寫好呢？」一個客人對這位母親說道。

「家裡沒人，我也要擺地攤，沒辦法。」母親無奈地說道，她明白女兒跟著自己受了很多苦。

「正因為這裡嘈雜，我才能更加專注地學習，這也讓我更加珍惜安靜的學習時間和環境。」在一旁寫作業的女兒突然說道。

任何事物的發生都有兩面性，不管是好的方面，還是壞的方面，我們只有用辯證的態度去對待它，才能全面地認知事物，也才能讓自己獲得更多正面的能量。也正因如此，辯證思維被認為是高級形態的理論思維，是人類思維能力的核心和關鍵。那麼，辯證思維有何特點呢？

1. 辯證思維屬於理性思維

我們要對事物全方位認知，便需要理性地分析和判斷，這就是辯證思維的基本要求。如果我們看待事情總是抱著感性的態度，根本無法理性地去認知事物，那麼我們會因為情緒、情感等一系列感性的因素，無法透過現象認識事物的本質。

2. 辯證思維是一種批判思維

辯證思維並非毫無根據的質疑，而是在尊重前人經驗和知識的基礎上，敢於質疑、批判，敢於提出挑戰，敢於去突破自我。用批判的眼光來審視已有的經驗和知識，在不斷否認現實的基礎上創造性地發展新理論。

在生活中，運用辯證思維能夠幫助我們提升對事物的認知，由淺入深，由感性到理性地認識身邊發生的事和遇到的人。再者，在我們遇到困難或者深陷困境時，辯證思維可以幫助我們突破「僵局」，辯證思維就成了我們打破僵局的有力武器。

3. 辯證思維也屬於創新思維

我們對事物進行辯證認知的目的，無非是希望用辯證的方式去認知事物，從而找到促進事物發展的新方法。也就是創新能力，只有辯證地去看待事物，才能看到事物的缺點和優點，避免缺點給自己造成傷害，利用優點實現自我突破。

任何人都希望自己能夠獨一無二，無論做什麼事情，都希望自己的所作所為能贏得別人的認同，而這個過程就需要我們用辯證的思維去思考問題，找到有利於自己的部分，避開不利於自己的因素。當然，辯證思維的運用，能使自己變得樂觀，即使對待不好的事情，也能讓自己用樂觀的態度去面對。

第 **四** 章

邏輯的謬誤：
別讓生活欺騙了你

24
否定前件謬誤

我們先不急著向大家介紹否定前件謬誤的概念，我們先看看否定前件謬誤會有怎樣的表現。比如，有些不擅長英語學習的人會說：「如果一個人想要出國留學，那麼他就要學會英語；如果不想出國留學，那就沒有必要學。因為我不想去外國留學，所以我沒有必要學習英語。」再比如，有些父母為了鼓勵孩子好好學習會對孩子說：「如果你考了班裡的前五名，那就是媽媽的好孩子。」考試成績出來之後，孩子發現自己考了第十名，那麼他就會認為自己在媽媽心目中不是好孩子了。

在生活中，類似上面這樣的例子並不少見，幾乎每個人都犯過這樣的錯誤。由此可見，否定前件謬誤在生活中並不少見，可謂常見的一種邏輯謬誤。我們瞭解了否定前件謬誤的例子，那麼，什麼是否定前件謬誤呢？

「否定前件」的意思是，對推論的前提和結論都進行了否定，從而會形成一個新的推論。這樣的推論從表面上看似乎是合理的、有道理的、說得通的，但卻是不成立的、不準確的，因為它否認了不同事件會產生同樣結果的可能性。

在醫院病房中，兒子正跟穿著病人服的父親理論。

「爸爸，醫生說了，吸煙對您的病情很不利。」兒子無奈地說道，「所以您還是聽話，不要抽煙了。」

「我得的是胃病，又不是肺病，抽煙有什麼關係？」父親不耐煩地說。

「醫生說了，抽煙對人體有害，會加速病變。」兒子嚴肅地說道。

「你的意思是，抽煙會讓我死得更快，要是不抽煙我的胃病是不是就會好，就能長命百歲了嗎？」父親不屑地反駁道。

兒子無言以對，對老父親的態度表示無奈。

顯然，老人的表述就犯了「否定前件」的錯誤，吸煙會導致疾病，但並不意味著不抽煙就能長壽。畢竟影響我們長壽與否的因素有很多，並不只抽煙一種原因。比如，意外、酗酒、壓力……等等，都有可能導致我們提前死亡，所以老人說的「不吸煙就能長壽」的理論是不成立的。

在生活中，我們很容易就犯了否定前件謬誤，那麼導致我們犯這種邏輯錯誤的原因有哪些呢？

1.話語的情境語義問題

在某些特定的情境中，意義上並沒有犯否定前件謬誤，只是在語言上做了省略，從而導致出現了這種謬誤。

兩個人打算週末去郊遊，甲對乙說：「週末，如果天不冷，我們就去東山郊遊。」

這句話的意思是如果天冷的話，去東山郊遊的計畫就取消。如果週末，天冷了，甲與乙就不會去郊遊，這項約定就不存在否定前者謬誤。如果天不冷，乙也沒有去東山參加郊遊，那麼這個約定就毫無意義了。

2.人們認知層面的問題

人與人的認知是不一樣的，對同一件事情的認知也是有所不同的。正因如此，人們在認知上產生了不同，所以才會導致否定前件謬誤的發生。

我們經常會聽到媽媽對孩子說：「你要是能考上好大學，你就能找個好工作。」似乎只要考上好大學就能找到好工作，考不上好大學，就不會擁有好工作。

3.受到人們僥倖心理的影響

人都是心存僥倖心理的，我們經常會聽到這樣的話：「只要你少吃油炸的食物，就能瘦下來。」那麼，這些人開始不吃油炸的食物，吃很多肉食，發現自己也沒有瘦下來，其實這就是由僥倖心理造成的否定前件謬誤。

古代人們常說「人在做，天在看」。到了現代，通過認知水準的提高，人們知道「人在做」和「天」似乎沒有關係，於是開始心存僥倖，肆無忌憚地做一些傷天害理的事情，最終導致自己陷入了犯罪的深淵，這些都是心存僥倖才導致觸犯了否定前件謬誤。

當然，否定前件謬誤的社會原因有很多，後果也會有差異，我們只是做了三個原因的總結。在生活中，否定前件謬誤的現象有很多，我們要避免落入「簡單化」的錯誤之中。

25 肯定後件謬誤

什麼是肯定後件謬誤？在邏輯中，假言推理的論證是肯定前件便能夠肯定後件，肯定後件則未必能肯定前件。如果一旦違反了這條規則，就可能得到謬論。比如，「只要下雨，地面就會濕。現在地面潮濕，說明剛才下雨了。」這就是典型的肯定後件謬誤。

在生活中，肯定後件謬誤並不少見，也就是說，我們先言前提條件，再說後件，而結論肯定了它的前件。比如，「如果他感冒了，他不會來上班；他沒有來上班，說明他感冒了」。顯然，這種論斷是錯誤的，這一推理也是無效的，因為顯然「他」沒來上班的原因有很多，也許是感冒了，也許是其他的事情。

張立坤接到兒子班主任的電話，請他去學校一趟。因為兒子比較調皮，上小學以來，老師三天兩頭地請他去學校，每次去學校，不是兒子與其他小朋友打架了，就是兒子欺負其他小朋友了。

張立坤在看到老師電話號碼的那一刻，就想到了肯定是兒子在學校犯了錯。張立坤生氣地走進老師的辦公室，只見兒子與另外一個男生已經在辦公室站著了。

「老師，我兒子是不是又打架了？」還沒等老師說話，張立坤就急匆匆問道。

「是的，但是……」老師還沒回答完畢，張立坤就對著兒子腿上踢了一腳，兒子當場倒在地上。

「為什麼你三天兩頭打架，你除了打架還能學點別的嗎？」張立坤生氣地對著兒子吼道。

「您先別激動。」老師急忙勸說張立坤，並將他的兒子扶起來。

「這次不是我的錯。」兒子委屈地說道。

「你只要欺負別的小朋友，老師就會打電話給我。今天老師又打電話給我，一定是你又欺負其他小朋友了。」張立坤對著兒子說道。

「張叔叔別生氣，是因為張瀟遇到別人欺負我們班同學，他就上前制止，對方先動手打了張瀟和其他同學，所以張瀟才動手的。」站在一旁的另一位小男生說道。

張立坤突然意識到自己的魯莽，解釋道：「平常只要你一打架，就是你先欺負別的同學。這次，我以為你又欺負別的同學了，所以才沒控制住自己的脾氣。」

從張立坤的話語中，就能看出，他犯了肯定後件謬誤。正是因為自己的邏輯謬誤，導致他誤解了兒子。在生活中，我們也會遇到這種情況，而肯定後件謬誤會導致怎樣的後果呢？

1.思考絕對化

我們每個人的生活經歷與知識水準不同，思維活躍程度也不同。當一個人犯了肯定後件謬誤時，往往思維會變得固化。

比如，一個人經常去一家餐館吃飯，每次去都吃紅燒肉，他很清楚紅燒肉的價格是48元。因為工作，他出差了兩個月，回來之後，再次去店裡吃紅燒肉，吃完在付款的時候，才發現

紅燒肉已經漲到了56元。他氣憤地對著店員說：「你家紅燒肉48元的時候，我經常來你家吃。因為我經常來你家吃紅燒肉，那麼，這次紅燒肉也只能是48元。」

顯然，店員不會同意這位顧客的說辭，畢竟這家餐館的飯菜漲價了，不能一概而論。

2.違背事實

「他每次吃太多就會肚子痛。所以這次肚子痛一定也是吃太多。」這樣的論斷，顯然是不合乎常理的，從更深層次來講，這種論斷是有悖真實的。其實，「他」肚子痛的原因有很多，可能是吃多了，也可能是著涼了。

3.造成思維混亂

甲說：「我早上八點就到公司了，一定不會遲到。」

乙說：「你家距離公司這麼遠，八點一定到不了公司，你一定是睡在公司吧。」

乙其實就犯了肯定後件謬誤，他認為甲的住址距離公司遠，不可能那麼早到公司，認為甲之所以沒遲到，是因為他睡在公司。這個論斷看似有一定邏輯性，但是思維卻十分混亂。甲沒有遲到，可能是早起了，又可能是乘坐便捷的交通工具讓他能夠趕在八點前抵達公司。而乙的這種論斷，顯然是不準確的。

在生活中，我們要避免犯肯定後件謬誤，因為這種謬誤對我們正確地選擇與判斷會造成負面影響，甚至能夠讓我們放棄原本正確的選擇。

26 竊取論點謬誤

我們採用循環論證的方法來證明一個被包含在前提裡的觀點。這是一種完全不合邏輯的謬誤，因為這種謬誤的前提就是將假設默認成了真實的，然後利用迴圈理論的方式來證明這個假設。

例如：「我們要鼓勵青年人去崇拜神，從而給他們灌輸道德行為思想。」可我們知道宗教和崇拜不會直接產生道德行為，只能在一定程度上引導行為。因此，這個論題則是錯誤的。

電視劇《士兵突擊》一度熱播，在電視劇中有一段對白讓人印象深刻：

老馬問許三多：「可是什麼有意義呢，許三多？人這輩子絕大多數時候都在做沒有意義的事情。」

許三多不急不忙地回答道：「有意義就是好好活。」

老馬不解地接著問道：「那什麼是好好活呢？」

許三多繼續回答：「好好活就是做有意義的事情。」他停頓一下，看了看老馬，又說道，「做很多很多有意義的事情。」

無疑，老馬想從許三多口中明白什麼事情是有意義的，而許三多口中的答案全部在包含在老馬提出的問題中，這就是竊取觀點謬誤的典型體現。

竊取論點謬誤之所以是邏輯謬誤，通常有下面幾種表現：

1.缺乏正確的論據

　　在確定觀點之後，我們往往需要尋找論據去證明我們的觀點。比如，我們說出「多讀書對我們工作有好處」這一論點時，我們就需要找到證明我們這一論點的可靠論據。如果我們以「我們工作不好是因為不愛讀書」為論點，因為導致「工作不好」的原因有很多，可想而知，這樣的論據是不合理的。

2.論據不足以支撐結論

　　我們確定觀點之後，尋找到的論據不足以支撐我們的觀點，表述出的論據十分牽強。比如：小明愛玩手機遊戲，所以小明功課不好。其實，「小明功課不好」是論點，支撐這個論點的論據是「明明愛玩手機遊戲」。並非所有愛玩手遊戲的學生，學習成績都不好，因此，愛玩手機遊戲並不一定是小明成績不好的唯一原因。

3.提前假定結論是正確的

　　我們認定的結論是否正確，需要找到科學、合理的論點去論證，而不是先進行假設或者從內心先給出定義。生活中，我們經常會聽到一些人先假設結論是正確的，然後再圍繞這個所謂正確的結論去尋找證據，這樣的思維方式是錯誤的。

　　竊取觀點謬誤又被稱作循環論證，也就是說竊取觀點謬誤的結論往往包含在論證中，這種邏輯混亂的爭論常常發生在人們心中存在的根深蒂固的假設的情況下，因為人們已經對這些原有的觀點進行了「正確宣判」。如：人們認為偉人之所以偉大，是因為他們是完美的，是因為偉人的思想是偉大的。

一個胖子和一個瘦子是好朋友，瘦子問胖子：「你為什麼長這麼胖？」

　　胖子回答：「因為我吃很多。」

　　瘦子接著問道：「那你為什麼吃很多？」

　　胖子接著回答：「因為我長得胖。」

　　胖子和瘦子的對話中，其實胖子就犯了竊取觀點謬誤，不難發現胖子的論據都包含在瘦子提出的論點中，這種交談，對瘦子來講是毫無意義的，他從中獲取不到任何的新資訊和有價值的資訊。

　　在生活中，竊取觀點謬誤對我們解決和瞭解問題本身是沒有幫助的，因為我們從論據中找不到新的資訊，我們找到的只有論點表現出的資訊，這樣的論據是不具有說服性的，同樣，這樣的論據也是不合理的。因此，我們要避免陷入竊取觀點謬誤，否則我們需要解決的問題始終得不到解決，我們需要瞭解的現象始終會找不到合適的論據做解釋。

27 假兩難推理

假兩難推理，又被稱作是非黑即白、偽二分法、雙刀法、偽兩面法等，指的是在提出少數選擇項，要從中選擇一個，但這些選擇並沒有覆蓋所有的可能性，而提出的選擇項一般是兩個，但也有可能是三個或者更多。單純從概念來講，我們會覺得很難理解，下面我們不妨舉個例子來說明我們理解這種邏輯謬誤。

　　某公司高階主管「內鬥」，主要分成了張總、馬總兩派。張總作為其中一派的領袖，對屬下說道：「不支持我的，不站在我這邊的，都是跟我作對，都是馬總的手下。」

張總的這一論調，其實就是犯了假兩難推理，他將員工分為兩派，但有些員工是不想捲入張、馬鬥爭的，對於這類人，張總也會劃歸為「敵對派」。

假兩難推理被稱為「陰險的策略」，因為從表面上來講，這是一種符合邏輯的爭論，但是仔細分析會發現，這種推理是不可能的，甚至是不合理的，推理本身不僅僅是所提供的「不是……就是……」的兩種可能。因此，這種邏輯謬誤是經不起仔細推敲和琢磨的。

在生活中，我們會看到很多問卷調查會犯這種「非黑即白」的邏輯謬誤，明明還有其他答案，但在問卷中只有兩個選擇。

下面是關於對某個企業售後服務的問卷調查：

1. 請你對此次售後服務做出評價（　　）

　　A：很滿意　B：不滿意

2. 你對公司提供的產品體驗感受如何（　　）

　　A：很好　B：不好

3. 總分100分，請你給銷售員的表現打分（　　）

　　A：100分　B：0分

　　通過以上三個問題，我們不難看出，這個調查問卷根本沒有實際意義，因為給出的問題選項，根本不能滿足所有選擇需求。這種以調查問卷來彰顯公平性和科學性的方式，其實是一種自欺欺人的調查手段，這樣的問卷結果是毫無意義的。

　　假兩難推理的特點是什麼？

第一，簡單粗暴。

　　這種非黑即白的邏輯謬誤往往會簡單粗暴地將事物分成兩部分，從而忽略了其他可能性與中間狀態的存在。比如，談到反恐問題，有人會這樣說：「如果你不支持反恐，那麼你就是支持恐怖分子。」顯然這種論調是不合理的，那些對恐怖分子認知不清楚的人，他們也許會處在中間狀態，既不是恐怖分子，也沒有反恐意識。

第二，將問題一分為二

　　你如果不喜歡這個世界，你就是討厭這個世界。

　　你如果不喜歡吃鹹的，你就是喜歡吃淡的。

你如果不喜歡旅遊，你就是喜歡宅在家裡。

你如果不反對校園霸凌，你就是支持校園霸凌。

……

這種觀點，在生活中比比皆是，凡是用這種一分為二觀點對待事物的人，往往會忽視事物存在的中間狀態，也就是我們所說的「灰色地帶」。要知道，這個世界是複雜多變的，並非單純兩個對立面可以完全覆蓋的。很多時候，人們並沒有看到兩個極端狀態之外的狀態，所以便認為不存在中間狀態，這也是思維局限的一種表現。

「一位老人住在這裡，而這棟老房子牆面都有裂痕了，要麼我們進行翻修，要麼就只能拿老人的生命做賭注了。顯然，我們不應該拿老人的生命安全去冒險，那麼我們必須翻修。」

這裡的問題在於「翻修」和「拿老人生命做賭注」之外，還有其他的解決辦法，比如給老人尋找新的住所等，如果我們沒有意識到其他的解決辦法，那麼自然就容易陷入非黑即白的邏輯謬誤中。

因此，要避免陷入假兩難推理的邏輯謬誤，我們需要做的就是拓寬自己的知識面和認知面，只有掌握了廣泛的知識，見多識廣，才能在問題面前，找到多種解決問題的路徑，這才是避免出現這種邏輯謬誤的關鍵所在。當然，除了需要拓寬知識

面之外，我們也要豐富自己的閱歷，一個閱歷豐富的人，在遇到問題時，才能憑藉閱歷和經驗找到新的出路和解決方法。

一位年輕人對一位老人說道：「我覺得人活著就是要多賺錢，有了錢就有了一切。您說對嗎？」

老人沒有說話。

年輕人繼續說道：「你不同意我的觀點就是否定我的觀點。」

老人說道：「我的經歷告訴我，賺錢的確是一件重要的事情，但是有了錢並不能擁有一切，比如親情是用錢買不到的。我不同意你的觀點，但是也不否定你的觀點。」

年輕人或許因為自身經歷和認知水準有限，便認為「有錢就有了一切」，然而，老人卻不這麼認為。在生活中，這種情況很多，我們總是信心百倍地說出自己的觀點，並希望他人能夠認同自己的觀點，其實受到自身閱歷或經歷不同的影響，對觀點的認知程度也會有所不同。

28 訴諸人身謬誤

訴諸人身謬誤是一種十分常見的推理錯誤，也被人們稱作「門檻很低」的謬誤。這種謬誤會將提出並斷言的主體特徵和斷言的特徵相混淆。其中，訴諸人身的意思是「針對個人」，用我們經常說的話講，**就是「對人不對事」**。

因為訴諸人身使用的門檻低，所以用起來十分方便，也很容易博得無數群眾的喝彩與讚揚，所以，它幾乎是最常見的邏輯謬誤。既然它很常見，那麼我們就要仔細分析了，無論是我們運用了這種邏輯謬誤誤導了別人，還是自己被他人誤導，都要多學習關於訴諸人身謬誤的知識。

訴諸人身謬誤可以被分為三種，分別是人身攻擊型、自相矛盾型和因人廢言型。

1.人身攻擊型

人身攻擊型訴諸人身是對某個人產生偏見，帶到了他的觀點上，在生活中也是比較常見的。比如小張為人不佳，因此他的觀點就不正確。這就是典型的人身攻擊型謬誤，看到一個人的某個缺點，從而斷定與此缺點無關的觀點不可靠或者不正確，這顯然是不正確的。畢竟，一個人身上的缺點，並不等同於這個人的觀點、建議或理論。我們不能說一個作家因為有抽煙的壞習慣，而斷定他的書寫得不好；不能因為一個音樂家跳舞不好，而說他缺乏音樂天賦。

2.自相矛盾型

自相矛盾型多指的是一個人提出的觀點和結論是相互矛盾的。我們最為常見,也是最典型的,就比如「矛盾」這個詞語的故事。

> 古時候,一個賣矛和盾的商人說:「我的矛是最鋒利的,能刺穿一切的盾。」在賣盾的時候,又說道:「我的盾是最堅實的,能抵擋所有的矛。」

很顯然,他的這兩句話是相互矛盾的。我們不能判斷出這個商人的哪句話是錯誤的,哪句話是正確的。在現實生活中,某個人的觀點如果與行為不相符,我們並不能直接去否定他的觀點,也並不代表他的觀點是錯誤的。比如,小王說為人要大方,做事情一定要認真,但是小王與同事相處時十分吝嗇,工作也不認真,雖然小王的實際行動與他的觀點是自相矛盾的,但是我們不能因為這樣而判斷小王的觀點是錯誤的。

3.因人廢言型

因人廢言型指的是單純依靠某個人的工作、地位等因素而否定此人的觀點。比如「我們沒有必要去認同小陳說的商業保險的價值,因為小陳本人就是一家保險公司的銷售員」。這個例子中,顯然因為小陳的工作性質,而否定了他的觀點,這顯然是盲目的。在現實生活中,這種例子很普遍,我們也經常會因為某個人的職業,而否定或認同他的觀點。

小龐是一家公司的銷售經理，他對客戶說道：「我們公司的產品品質很好，老客戶的回饋也不錯，並且比其他公司的同類產品品質好很多。」

　　客戶聽了說道：「你是這家公司的員工，當然會說你們公司的產品好，實際上你們公司的產品不一定好。」

　　其實，這位客戶就是犯了因人廢言型謬誤，他是從小龐的職業出發，來斷定其言論的，因此這種判斷是十分不合理的。

　　張彩彩對王曉鵬說道：「現在喊著生男生女都一樣，但是長輩還是喜歡男孩，不然怎麼很多家庭第一胎生了女兒，還會想要第二胎，如果第一胎生了兒子，就不要第二胎了。」

　　王曉鵬說道：「是不是你婆婆催著你生第二個，你第一胎生女兒？」

　　張彩彩說道：「這不是我說的，這是我今天聽周教授說的。」

　　王曉鵬說道：「那個周教授肯定是有女兒，沒兒子，不然怎麼說出這樣的結論。」

　　張彩彩說道：「他是有女兒，但是他的這個觀點也未必不合理，現在多少長輩還在期盼要孫子呢。」

　　王曉鵬說道：「聽說那個周教授為人不好，人品也很差，他的觀點不可信。」

顯然，張彩彩的觀點沒有得到王曉鵬的認同，而王曉鵬之所以不認同她的觀點是認為周教授「人品」不好，所以覺得他的觀點也就不可靠了。王曉鵬的這種觀點其實就是犯了訴諸人身謬誤。

　　在生活中，大家使用或者提防別人使用訴諸人身謬誤時，一定要注意以下幾點：

1.訴諸人身謬誤也有例外情況，我們要多加考慮

　　當一個人論證的結論，與此人的既往行為直接相關時，訴諸人身不構成謬誤。比如，小錢之前被舉報虐待自己女兒，所以她不是合格的母親，同時也不應該擔任幼兒園老師；小周因為錢財做了偽證，所以法官不會將他的證言當作證據；齊老師經常體罰同學，很多家長對他有意見，他帶的班級成績也不優秀，所以他不應該當選「最優秀教師」。這些訴諸人身特徵或處境的言行論證，都是合理的、實際存在的，因此這樣的訴諸人身並不是邏輯的謬誤。

2.先判斷含義，再判斷真假

　　我們生活在社會中，經常會與他人進行溝通，不可避免的是人與人溝通中產生的資訊誤差，也就是說，人與人的溝通要實現100%無損資訊傳遞是不可能的。當我們聽完別人的觀點或者是言論，要做的第一件事並不是去判斷對方說的是否正確，而是要先去理解對方的話語是什麼意思，對方究竟要表達什麼。就像是我們與外國人交流，我們要先明白對方所說的是什麼意思，才能知道對方說的正確與否。

3.要區別「相不相信」和「應不應該相信」

　　人們在聽到某個觀點之後，是決定相信這個觀點，還是不相信這個觀點，其影響因素很多。比如一個人的情感變化、利益變化、人際關係的變化，等等，這些因素都會影響我們是否要相信對方的觀點。此時，我們需要找到足夠多的證據證明對方的論點，而尋找論據的能力關乎我們的判斷是否正確。

　　在生活中，我們經常會借助某個人的職業或身份去判斷一個人的觀點是否正確，但是我們不得不承認，這些判斷依據並不是正確的。我們需要進行合理的邏輯分析，針對論點本身，找到合理的論據，從而去證明論點的真偽性。

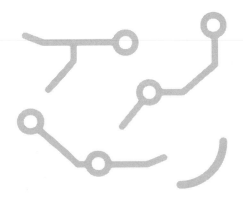

29 民主謬誤

民主謬誤其實很好理解，就是指如果大部分人認為某個觀點是正確的，那麼我們就認為這個觀點或結論是正確的。在生活中，大多數人對某個事物的定位或者認定，並不一定代表觀點就是正確的，這需要我們去分辨哪些「大眾觀點」是正確的，哪些「大眾觀點」屬於民主謬誤。

從情感方面來講，民主謬誤的力量很大，在網路時代，資訊傳播速度很快，尤其是對於一些影響力很大的觀點和文章，很多時候需要我們認真地思考，不被他人的觀點影響。還有一些過往的事情，如果分不清正確或錯誤，那很容易產生錯誤的認知。因此，在面對一些流行的觀點時，我們一定要有自己的認知，不要被大眾所謂的「正確觀點」影響。

一個有主見的人，並不意味著一定要反對其他人的觀點或思想，而是要有自己的思想或者觀點，能夠對自己的思想有清楚的認知。同樣，一個人的觀點是否正確，需要我們有足夠的知識儲備和閱歷，拓寬了知識面，我們才能有正確的認知。

在中世紀的時候，大多數人認為地面是平的，因此，人們認為地球是平的。其實，這就是一個典型的民主謬誤。民主謬誤的危害性在於很少有人能夠站在論點的對立面去進行思考，因為人本能地追求社會的認同，就會「委屈」自己，屈從於大多數人的觀點。然而，我們通過觀察社會就會發現，社會的進步往往就是從打破民主謬誤開始的。因此，我們要相信自己，只要有足夠證據證明自己觀點的正確性，那麼我們就要大膽地

提出自己的觀點，而不是屈從於某個人或某個群體的觀點。

在工作或者生活中，我們經常會遇到這樣的事情，因為受到團體大多數人觀點的影響，我們很容易迷失自我，丟棄原本的思想，其實，一旦認為自己觀點是正確的，我們就應該堅持到底，不要因為大多數人錯誤的觀點而質疑自己觀點的正確性，更不要因為對方的觀點而改變自己的論點。

在生活中，導致民主謬誤出現的原因有很多，我們容易受到這種邏輯謬誤的影響，主要是因為以下幾方面。

1.我們看到的不是論點本身，而過多關注提出論點的人或團體

一個人說「月亮是彎的」我們可能會不信，兩個人說「月亮是彎的」我們也可能不信，但是一群科學家說「月亮是彎的」，然後我們身邊所有的人也都這麼說，那麼，我們就容易改變自己的觀點，認為「月亮是彎的」。由此可見，我們不是沒有自己的觀點，也不是不懂得去找到正確的論點，而是我們習慣性地受到旁人思想的影響，從而放棄了自己的論斷。

2.受到從眾心理的影響

當一個觀點在社會上流行，很多人趨之若鶩地認同一個錯誤的觀點時，並不是這些人沒有自己的思想，而是他們習慣性地跟隨別人的思想去思考事情。比如，人們都說喝隔夜茶不好，所以我們會將隔夜茶倒掉，即使前一天只喝了一次的茶，只要過了一個晚上，我們就會毫不客氣地倒掉。直到有一天，我們周邊的人開始說「喝隔夜茶沒有害處」時，我們也會跟隨大眾的腳步，繼續喝前一天的茶水。至於「喝隔夜茶是否有害」，我們從來沒有去仔細思考過，更沒有進行專業的研究。

在現實生活中，每個人都希望自己的思想與行為是正確的，於是為了避免自己犯錯、出醜，很多人會選擇聽從別人的意見，參照周圍多數人的想法和做法，認為這樣做自己便不會出錯，其實，這樣做不但會磨滅一個人的獨立思考，還很容易陷入民主謬誤的圈套。一個善於邏輯思考的人，他們會參考周圍人的觀點和建議，但是不會毫無根據地去輕信對方的觀點，因為他們知道，只有在論據面前，才能確認觀點的正確與否。

30
因果謬誤

　　在社會生活中，我們每個人都處在因果關係中，因果關係是人類認識世界的基本工具，判定因果關係的能力直接影響每個人、每個群體的發展。柏拉圖說：「每一項自然產生或被創造的事情必然是由於某種原因而造成的。」這句話充分體現了古人對因果關係的認知。

　　在大千世界中，每個人種下怎樣的因就會發生怎樣的果。在生活中，我們要善於觀察，只有善於觀察才能發現因果關係表現出來的現象，才能更容易瞭解事物的真相和本源。

　　因果謬誤指的是各種沒有充分證據便輕率斷定因果關係的不當推論。有因必有果，原本是唯物主義的一種正確論斷，但是判定因果關係時，如不謹慎，便會形成因果謬誤。因果謬誤有很多種，下面我們不妨進行一一分析。

1.假因謬誤

　　這種謬誤指的是在沒有足夠證據的情況下所做的歸因。比如「你爸媽給你取名叫『豐收』，他們一定是農民」。當然，這個推斷也許正確，但是僅僅靠一個名字就斷定對方父母的職業，這顯然是草率的。因此，這就犯了假因謬誤。

　　　小明的父親曾因為竊盜罪被抓判刑。一天，小明的同班同學說自己的新鉛筆盒不見了，他說是小明偷的，老師

問他是否看到了小明偷鉛筆盒。他說道:「小明的爸爸是小偷,我的鉛筆盒不見了,那一定就是小明偷的。」

顯然,這個孩子的論斷是草率的,不能因為小明的父親是小偷,就斷定小明是小偷,更不能斷定小明偷了他的鉛筆盒。

2.後此謬誤

因為A事件在B事件之後發生,便將B事件當作A事件的原因。即用一件事情發生來證明另一件事情發生的原因,這就犯了後此謬誤。

小娟說:「我昨夜做了個噩夢,早上起來又聽到烏鴉叫。今天騎腳踏車出門,我就摔倒了,然後去菜市場手機也被偷了,我就知道夜裡的噩夢和烏鴉叫就表示我今天會很倒楣。」

從理論上講,夜裡做噩夢沒休息好,可能會導致白天精神恍惚、騎自行車摔倒,但是「倒楣」一說並沒有科學的依據,在邏輯上更合理的假設應該是這些事情並不會導致小娟「倒楣」。她那天可能真的遇到了很多糟糕的事情,但是不能假設是做噩夢、烏鴉叫造成的,這就是後此謬誤。

3.相關性謬誤

　　相關性謬誤指的是與其相關的兩個同時發生的事情解釋為具有因果關係。也許兩件事情本身不存在因果關係的情況，這個時候恰好同時發生，或者可能有第三個因素導致兩件事情發生。比如，小美每次去游泳都會戴上她喜歡的束髮帶，每次她戴上喜歡的束髮帶就會讓她產生游泳的欲望，這就是一個典型的相關謬誤。原本游泳和戴束髮帶毫無因果關係，但是進行這種關聯，就是相關性謬誤。

　　在生活中，我們要儘量避免發生因果謬誤，否則很容易讓我們的判斷出現失誤，也會影響我們的工作和生活。

31 預設謬誤

在生活中，我們經常會聽到一些人說「假如」「如果」，這些人在做事情之前，習慣性地進行假設，也就是進行預設。而假設是需要前提條件的，當這些人沒有注意到前提條件的正確性和合理性的時候，也就是說「前提就是錯誤的」，這種時候就中了預設謬誤的圈套。

我們在假設的時候，推理前提中經常會出現三種問題：

1.偶然謬誤

這是指將總體上為真的概括完全用於某個特例，從而忽略了特例的偶然性特點。這種謬誤中，過於強大的概括、總結性的假定，會給人造成一種「事物沒有特殊性」的錯覺。比如「跑步對膝蓋的損害是十分嚴重的，跑步的人，膝蓋都有損傷」，可想而知，跑步的確會對人的膝蓋產生不良影響，但是跑步的人不一定膝蓋會有損傷，這就是利用了概論去進行具體評判產生的錯誤論點。

通過瞭解偶然謬誤，我們可以知道一點，幾乎任何規則和普遍原理都有例外，需要我們注意的是當由於這種謬誤產生一些歧視或者是偏見的時候，往往會產生比較大的傷害性。

2.複雜問語

我們經常會聽到一個成語「笑裡藏刀」，而這種預設就屬於「笑裡藏刀」。因為它會以一種問題的形式出現，並且不會

讓我們急於回答，所以往往不管我們怎麼回答，感覺都是不對的，這種類型的謬誤會將錯誤的前提隱藏在問題中，我們也叫它複雜問語謬誤。

在一家公司的會議室，大家正在討論一個問題，這個問題是由產品部門經理提出來的：「我們應該將新產品的上市時間延後一個月還是兩個月？」

人們開始討論：「延後時間長短對銷量的影響。」而沒有人討論：「是否有必要延後新產品上市時間？」

上面這個例子中，產品經理提出的問題就屬於一個隱含假設，在這個問題中隱藏著一個或者多個問題，比如在法律中，有一種行為被稱為「蘊含肯定之否定」，指的就是否定指控中的一些性質和數量，而不去否定指控本身。

3.乞題

乞題可以被簡單地理解成循環論證，一種預設了結論為真的不當論證方式。有人可能認為不會有人犯這麼明顯的謬誤，但是生活中，這樣的謬誤並不少見。當我們聽到某個乞題謬誤時，總會感覺哪裡不正確，但是無力反駁。因為單純從技術上去講，乞題謬誤是有效的論證，即前提為真，結論一定也為真。乞題預設了結論的正確性，形式類似於「若甲則甲」，從本質上是重言式的。

在生活中，當我們面對預設謬誤時，我們在大部分情況下只需要指出其中無效前提和無效論據即可，比如針對偶然謬誤，我們只需要給出一個反面案例就可以推翻這種論斷。當我們面對複雜問語謬誤時，首先需要清晰地拆解這種謬誤背後的邏輯，並指出前提和結論的同一性，進而指出雖然推理是有效的，但本質上是沒有意義的。

　　小飛與小舟是多年好友，他們五年沒見面，見面之後小飛問道：「你不打老婆了吧？」
　　小舟笑著反問道：「你老婆不再打你了吧？」

　　兩個人哄然大笑，雖然看似是笑話，但是從小飛的問話中，可以看出「小舟之前打老婆」「小舟現在不知道打不打老婆」這兩個問題。而小舟的問題反映出兩個問題「之前小飛被老婆打過」「不知道現在小飛是不是還被老婆打」。
　　在生活中，這種預設謬誤也常有，我們只有認真觀察和聆聽，才能避免陷入預設謬誤的陷阱。當然，一些邏輯思考能力差的人，就很難識別出預設謬誤。因此，提高自己的邏輯思考能力是十分重要的。

32
稻草人謬誤

　　稻草人謬誤又被稱作假想敵謬誤，它是一種錯誤的論證方式，在論辯的過程中，有意或無意地歪曲理解對方的立場，從而達到更容易攻擊對方的目的。

　　在生活中，存在著很多稻草人謬誤。如果你覺得自己沒有遇到過，那可能說明你並沒有意識到自己正在經歷著稻草人謬誤的攻擊。我們不妨看看下面的這個例子：

　　　女孩說：「我想減肥，因為肥胖會影響身體健康。」
　　　男孩聽了女孩的話後說道：「你的意思是說胖子身體都不好。」

　　其實，男孩的話就是我們最常見的稻草人謬誤，也就是大家經常說的「故意挑語病」，有些人在聽到他人觀點之後，習慣性地進行「挑語病」，似乎不找出點「毛病」就覺得渾身不自在。而這樣的人說出的話多半帶有攻擊性，我們有時會將這些人稱作「挑語病魔人」。

　　稻草人謬誤往往是先歪曲其他人的觀點，然後再進行攻擊。因此，我們的言論受到攻擊之後，一定要先分析對方是否犯了稻草人謬誤。

　　隨著進入網路時代，在社會輿論中，稻草人謬誤是經常會被故意使用的一種策略。通過這種邏輯謬誤能夠實現對自己更有利或更不利的主張，替換掉對手的原有主張，隨後，再圍繞

新的主張構建整個論證過程，其手段相當高明。而整個實現過程需要借助一定的手段，主要的手段有偷換概念、歪曲原意、以偏概全等。

在生活中，一旦我們遇到了稻草人謬誤，我們該如何保護自己或者保護自己的觀點呢？這就需要我們找到稻草人謬誤的漏洞。經過分析可以發現，稻草人謬誤的漏洞在於「偷換概念」，這是它最容易出現的漏洞。那麼，稻草人謬誤為什麼要偷換概念呢？

它之所以要偷換概念，是因為原始命題或觀點不容易被攻擊，這點是很好理解的。就如同兩個人打架，一個人身強力壯，力氣巨大，而另一個人十分瘦弱，瘦弱的人要想打贏身強力壯者，必須找到對方的弱點，只有找到對方身上的弱點才有利於自己。因此，當有人對我們使用稻草人謬誤的時候，我們要做的就是牢牢抓住原始概念，不斷對原始概念進行清晰的定義，並保持思路清晰，不要被對方錯誤的邏輯所誤導，在對方信心百倍表達自己的觀點時，我們能夠一針見血地指出原始概念與「稻草人」的不同之處，這就能夠讓對方的錯誤邏輯自動顯露在世人面前。

如果我們還不能徹底理解稻草人謬誤，我們不妨通過下面這個例子來進行分析：

小錢和小宇因為工作上的事情發生了爭吵。起因是因為小錢是總經理秘書，小宇是總經理司機。中午大家坐在一起吃飯，大家開始討論總經理的個人喜好。

小宇說：「小錢是總經理秘書，她應該最瞭解總經理的喜好。」

小錢說道：「你的意思是我是總經理最親密的人？」

小宇說道：「我沒有這樣說，我只是說你最瞭解總經理有什麼興趣、喜歡什麼。」

「只有總經理最親密的人才最瞭解他，我既不是他太太，又不是他小三，怎麼知道總經理有什麼興趣、喜歡什麼？」小錢生氣地說道。

其實，通過分析，我們可以看到小宇的意思是小錢作為總經理秘書會經常與總經理接觸，所以會對總經理瞭解多一些。而小錢卻偷換了概念，認為小宇有「侮辱」自己的意思。

在走廊裡，一對小情侶在吵架，只聽女孩說：「你都是有女朋友的人了，你要與異性保持距離。」

男孩生氣地嚷道：「那我就不能和陌生人說話了嗎？」

女孩：「我又沒有不準你和陌生人說話。」

男孩：「那你生什麼氣，我不就和陌生女孩說了幾句話嗎？看你講得像是我出軌了似的。」

女孩聽了更加生氣了。

其實，女孩是希望男孩不要跟其他異性走得太近，而男孩認為女孩不讓他跟陌生人說話。這就是典型的稻草人謬誤。

在生活中，我們經常會說某些人「無理取鬧」，而這些所謂的「無理」很多時候是說話本人覺得「自己有理」，如果仔細分析，我們會發現說話本人已經陷入稻草人謬誤中。

33
滑坡謬誤

　　我們是如何獲得可靠的結論的？其中最重要的環節就是尋找合理的論據，從而論證結論的正確性。如果我們在無法尋找到可靠的依據的時候，便進行隨意假設，那麼很容易掉入滑坡謬誤的陷阱。

　　什麼是滑坡謬誤？它指的是在生活中，我們使用連串的因果推論的過程中，誇大每個環節的因果效果，從而導致不合理結論的產生。對於推斷的過程來講，我們進行推斷的每個過程，都不能忽略問題的不同可能性的存在，如果忽略不同可能性的存在，就勢必會形成一個毫無關聯的結果，這就是我們所說的滑坡謬誤。

　　如果你還不能清楚什麼是滑坡謬誤，那麼不妨這樣來理解「如果會發生A，就會引發B，還會導致C發生，最後甚至引起E的發生」。而一般情況下，A的發生是不會導致E發生的，而滑坡謬誤會讓結果出現跳躍性，跳躍性與不合理性是共存的。比如張紅豔說：「一個人殺了一隻鴨，又殺了一頭豬，又殺了一頭牛，那麼接下來他就要殺人了，所以這個人不應該殺那只鴨子。」這就是典型的滑坡謬誤，其實這個人殺鴨子和殺人毫無關係，殺鴨子也不能推論出會殺人。

　　在生活中，滑坡謬誤的情況並不少見，我們要避免陷入滑坡謬誤，就應該瞭解清楚滑坡謬論有哪些形式。

形式一：不合理地擴大某個事物的影響面。

「如果班上有一個學生感冒了，那就會引起所有班級的學生感冒。」顯然，這句話看似有其合理性，但經不起推敲，也毫無根據。雖然對事情發生的原因進行了分析，但是推論不出結果，這其實是擴大了「一個學生感冒」的影響，從而得出毫無可能性的結果。

> 小沈走進部門經理的辦公室，對經理說：「經理，為什麼我沒有住宿津貼？」
>
> 經理說道：「住宿津貼是給工作三年以上員工的福利，你來公司工作還不足三年。」
>
> 小沈說道：「我工作未滿三年，但做三年以上的人都離職，我在公司算最資深了，如果不給我住宿津貼，新員工也會離職，因為對待老員工的待遇條件太苛刻。」
>
> 可想而知，小沈的要求是過分的，他的理由也是不成立的，他的回答便是典型的滑坡謬誤。

形式二：多個因果關係串聯，但起因與最終結果之間並不存在直接關係。

例：貪玩導致上課遲到，上課遲到導致沒有遵守班級秩序，沒有遵守班級秩序影響了學習，學習受到影響導致長大只能做苦工。

既然生活中，滑坡謬誤並不少見，那麼我們要如何避免陷入這種邏輯錯誤的「圈套」呢？

1.遵從事實進行假設

我們在進行假設之前，一定要遵從事實，尋找到可靠的依據，那麼假設才會有意義。而一旦我們找到了合理的依據，假設才會成立。

2.原因要有力度

滑坡謬誤的關鍵點是每個「坡」的力度不同。就是從事情A到E，每個階段的發展程度不同。我們不妨通過下面的例子進行分析：

　　　小王將香蕉皮扔到地上，一位老爺爺走過來，不慎踩到香蕉皮，老爺爺滑倒在地，從此之後，人們再也不敢從這條路上經過了。

老爺爺踩到小王扔的香蕉皮摔倒在地，這是合理的假設或描述，但是不能因為老爺爺滑倒就推論出人們不敢從這條路經過了，「人們再也不敢從這條路經過」的推斷便是「力度過大」了。因為，從老爺爺不小心摔倒，並不能直接導致「人們再也不敢從這條路經過」這個結果。

　　　某商家在線上推出了一款洗衣機，銷量很好，評論區的評論也全部是好評。小齊也在這家網店買了一台洗衣機，但是小齊收到洗衣機之後，發現洗衣機外表有損壞。小齊聯繫客服，希望能進行更換。商家卻拒絕更換，理由是「外表損壞屬於正常現象，並不屬於產品品質問題。如

果給小齊換貨，其他客戶如果知道了也會要求更換，以後就算商品沒有什麼問題，客戶也可能會要求換貨」。

　　最後，商家拒絕了小齊調換產品的要求，小齊十分生氣，便給了差評，並向電商平臺進行了投訴。

　　通過這個例子不難看出，商家拒絕調換的理由是十分牽強的，從邏輯學的角度進行分析，售後人員的理由是典型的滑坡謬誤。因為即使給小齊進行產品調換，只要產品大多沒有品質問題，其他客戶就沒有調換產品的訴求。

　　思維邏輯的錯誤在生活中並不少見，對於滑坡謬誤，主要是因為人們沒有掌握真實的推斷依據，而毫無根據的假設往往是不可靠的。我們要避免掉入滑坡謬誤的陷阱，同時也要避免自己的思想「滑坡」。

34 訴諸情感謬誤

在生活中，人們面對不同的事情會有不同的情感表現，比如我們遇到開心的事情會覺得高興，遇到不開心的事情會覺得生氣。生活中的經歷與人心的相互作用下，所產生的感受就是我們說的情感。

情感的重要作用主要表現在四個方面。第一，情感被稱作人類適應生存的一種心理工具；第二，情感能夠激發我們的心理活動和行為的動機；第三，情感是我們心理活動的組織者；第四，情感是人際交流的重要手段。

我們之所以要說情感，自然是要講到今天的主題「訴諸情感謬誤」。在生活中，情感會導致很多謬誤，而訴諸情感謬誤就是人們借助情感產生的一種謬誤。比如「不轉發這條資訊就不是中國人」「我打你是因為我愛你」，等等。

在生活中，這種訴諸情感謬誤是十分常見的。比如很多電商會在節假日進行促銷活動，從而形成了「雙十一」「雙十二」這樣的「購物節」。在雙十一的時候，小趙在不停地瀏覽著某電商平臺上的商品，此時，小路問他為什麼要在這個時候買東西，他說道：「雙十一，大家都在網購，我周圍的人也在網購，我不買點什麼感覺就虧了。」仔細分析，其實，這也是屬於一種「訴諸情感謬誤」。

因為情感包括很多種，所以，訴諸情感的種類也很多。例如訴諸憤怒的謬誤，即將憤怒的情緒當作產生憤怒的理由，這顯然是將情緒當作了證據，要知道憤怒的情緒只能是一種表達，

我們憤怒的時候，需要做的是知道為什麼憤怒，而不是無限地去擴大憤怒的情感。

訴諸憤怒的謬誤往往有以下兩個方面的表現：第一，實際中，並沒有理由去憤怒，但誤以為已經掌握了憤怒的理由。我們很容易將憤怒的情緒當作引起憤怒的理由。第二，因為某件事情產生憤怒會影響我們對另一件無關事件的評價，比如某個人做了一件讓我們十分惱火的事情，我們雖然很生氣，但是也不能低估這個人的其他方面，也不能以此為理由低估對方。

　　小袁與小鄭因為工作發生了爭執，小袁說小鄭不專業，做的方案也不專業，這樣的方案會影響公司的工程進度。小鄭聽後十分生氣，小鄭認為小袁專業能力不夠，做事情喜歡推卸責任。雖然是因為工作的事情，兩人發生的爭吵，但是小鄭對小袁這個人的整體印象十分差。

　　恰巧，這天小袁請假了，聽說小袁去了警察局，小鄭在得知這個消息之後，便對周圍的同事說道：「他在對工作都這麼油條了，這次八成是做了什麼違法的事情。」

其實，小鄭對小袁的這種表現，就是典型的訴諸憤怒謬誤。因為在工作中，小鄭與小袁出現分歧，導致小鄭十分氣憤，而小鄭卻將氣憤的情感轉移到小袁去警察局的事情上，斷言小袁做了「違法」的事情，原本兩件事情是毫無關係的。

除了訴諸憤怒的謬誤，還有一種訴諸罪惡感的謬誤，這種謬誤也是常見的。一個人對某件事情、某個人感覺內疚，這種感受也會對干擾思考。比如，好朋友對小麗說：「你怎麼不邀

請小柏參加你的生日party呢？他如果生日一定會邀請你，你不邀請他，他知道了一定會很傷心。」這裡的評論就是要引起小麗的愧疚感，從而讓小麗付出某種行動或者進行某種決策，這是眾所周知的邏輯謬誤。

　　曉晴的兒子十分調皮，在學校學習成績也不好，曉晴便為兒子報了各種補習班，兒子不想去上補習班，曉晴對兒子說：「你知道媽媽多辛苦嗎？媽媽花這麼多錢讓你去上補習班是為了什麼，還不是為了你好！」

　　雖然曉晴的目的是好的，但是這種說話方式其實就是訴諸罪惡感的一種表達方式，曉晴這樣說是希望通過罪惡感，改變兒子的學習行為。而曉晴的兒子應不應該去補習班，並不應該由因為媽媽有多辛苦來決定的，而應該視自己是否真正需要，是否真正對自己有所幫助來考慮。

　　除此之外，訴諸情感還有很多類別，比如「訴諸潮流」「訴諸虛榮」等。「這部電影很紅，你應該去看看。」——這就是典型的訴諸潮流的謬誤；「買了這款豪車，你就擁有了比別人更高貴的待遇。」——這就是訴諸虛榮的謬誤。

　　在生活中，我們經常會因為自己的情感而做出一些不合理的行為，可能很少有人去思索，我們這些不合理行為受到了哪些因素的影響。其實，我們的情緒影響了我們的思維方式，思維方式的改變自然會帶動行為的變化。

35 合成謬誤

美國著名經濟學家保羅‧薩繆爾森（Paul Anthony Samuelson）提出了合成謬誤，主要是用來解釋經濟學的一些現象。指的是從局部來看是正確的，便說它對總體而言也必然是對的，顯然這是一種思維謬誤。以經濟學為例子，很多理論在微觀上來講是正確的，但是從宏觀上來看則不一定是正確的，甚至可能是錯誤的。反之，從宏觀上來看是正確的，但放到微觀上就極可能是錯誤的。在生活中，這樣的例子也不少見。

在一個貧困的山村裡，一對父母教育孩子一定要認真學習，孩子也很努力，最終，孩子憑藉優異的成績考上了大學，畢業後創業成為一名成功的企業家。但是即使家家父母都這樣教育孩子，讓孩子認真學習，並不是每家的孩子都能考上大學，以及大學畢業後成為成功的企業家。

看了上面的例子，我們便很容易理解合成謬誤了，對於某些家庭來說，孩子努力後考上好大學，並經過自己的努力成為企業家，這並不代表所有的孩子都可以透過這個路徑，實現同樣的目標。

為什麼會形成合成謬誤？因為人們如果在經濟學中出現缺乏創造性和缺乏開拓性的表現，就會造成重複生產、資源浪費、供求單一的結果。但對於市場自我調節來講，合成謬誤平衡著供求和價格的關係。

張天志作為村裡的村支書，他一直希望能夠帶領村民致富。這年，他種了幾畝地的藥材，沒想到藥材豐收，售價也高，一年他就多賺了1萬元。於是，他想如果全村人都種植藥材，大家就能致富。第二年，他便鼓勵村民一起種植藥材。

　　到了藥材收穫的季節，家家戶戶藥材都豐收了，也正是因為如此，全國各地種植藥材的數量增加，並且豐收，藥材價格比往年低很多，這就導致最後每個農民的實際收入相對減少了。從局部來講，收入和豐收成正比是正確的，但是推廣到總體就不一定正確了。

　　合成謬誤，表現出來的是**從局部看上去是合理的、正確的、高效的，但是將一個個局部加起來，卻會形成一個個謬誤。**薩繆爾森舉了一個更為生動的例子，他讓我們想像一下，在一個非常簡陋、破舊的露天影院裡，大家可以坐在地上看電影，但是坐在後面的人覺得看不清楚，為了看得清楚一些，他們會站起來。這些人站起來之後，原本坐在更後面的人只能站起來，否則就看不到電影了，結果大家都站起來了，站起來以後還是看不清楚電影，成本增加了，福利卻沒有相應增加。聰明的人也會想一些辦法，站著不行他們就踮起腳，結果全場的人都會踮著腳看電影，整體觀眾的福利便又下降了。按照這樣的方式迴圈，整體福利都會下降，個人成本在不斷地上升。

　　因為合成謬誤最早是針對經濟學現象提出的，那麼，我們有必要瞭解現實中企業為什麼會陷入合成謬誤。對企業來說，

主要是因為對市場的總供給缺乏科學的預測。換句話說，合成謬誤的戰略決策之所以會頻頻出現在企業經營過程中，是因為企業沒有充分考慮競爭環境的動態變化，沒有進行直觀推演。

其實，不僅在經濟學領域，在生活的各個領域都存在著這樣的合成謬誤，我們只有識別出合成謬誤，才能避免陷入「福利迴圈降低」的圈套中。

有一所學校原本是7:50開始一天的課程，老師們為了提升孩子的成績，認為早起是孩子們大腦最清醒的時候。於是要求孩子在早上7:20就進入班級，開始朗讀。孩子們按照老師的要求去做了，經過半年的時間，這所學校在期中考試中，取得了優異的成績。其他學校經過分析，也認為應該讓孩子早些入學進行晨讀。於是，其他學校要求孩子7:10必須進入班級進行學習。就這樣，孩子從原來的7:50進教室學習，到後來的7:10就必須進入班級學習，這增加了孩子的學習時長。最終，所有的學校都讓本校學生7:10進入班級，孩子整體學習時長增加了，原本考試成績第一名的學校，現在仍然是第一名，原本成績差的學校，現在還是成績差。

由此可見，合成謬誤在生活中也不少見。畢竟，在整個社會中，人們希望用一個局部的規律能夠整合整體的現象，讓整體得到優化，這種思想看似沒有錯誤，但是要知道，適用於局部的特徵或規律，並不一定適用於整體。在現實生活中，只有恰當地整合局部，才能讓整體變得更好。

　　有些人為了貪圖簡便，就會掉入合成謬誤的陷阱。因此，我們的思維要有創造性，就不能貪圖「便捷」，要學會著眼全域與把握局部，這樣才能找到合適的方法解決整體的問題。

36
基因謬誤

　　什麼是基因謬誤？簡單來說，就是通過事物的出身來判斷事物的好壞。這種現象在生活中十分常見，陷入基因謬誤的人多半是想要試圖通過已有的負面印象來從側面攻擊對方，卻不能正面地回應對方的論證。顯而易見，基因謬誤的根據是「印象」，而印象不一定就是事實。

　　從嚴格意義上來講，各種所謂的「標籤」，都是存在基因謬誤的。很多時候，我們在認知某個事物之前，就會對這個事物有一個大致的感知，從而心中會形成「標籤」，而這些「標籤」可以作為我們對某個事物認識的參考，但已經見過事物本來面目的，還是用標籤去判斷這個事物就顯得思維不夠嚴謹了。

　　周小雨在一家科技公司做設計，他到這家公司工作有兩年多的時間了，但是薪水從來沒有漲過。這天他再次去找老闆，希望老闆能給自己加薪，畢竟自己在這家公司工作兢兢業業，工作從未出過錯。

　　他找到老闆，表達了自己希望加薪的意願，老闆卻說：「小周，你工作很認真，我也看到了你的努力，但是你只是專科學歷，這在我們公司是致命傷。」

　　最終，老闆以小周「專科學歷」為理由拒絕為他加薪，這其實就是一種基因謬誤。在生活中，我們不僅要避免自己陷入這種基因謬誤中，更要避免陷入別人設定的基因謬誤中。

基因謬誤對我們會產生哪些不利影響呢？

首先，基因謬誤產生的基礎是「標籤」，而其形成可能依靠感性認知而非理性分析，這就會讓我們產生認知誤差。

　　小微對小賈說：「我上周去了新建的公園，一點也不好玩，建議你別去。」

　　聽了小微的話，小賈在聽說好朋友小李要去新建的公園玩時說道：「新建的公園不好玩，所以沒必要去。」

其實，小賈的思想受到了小微話語的影響，從而給新建的公園貼上了「負面標籤」，小賈沒有去過，他只是聽小微說那裡不好玩，所以他才會對小李進行「負面標籤」的輸出。至於新建成的公園是否有趣，恐怕小賈也不清楚。

其次，基因謬誤會固化我們的思考模式。一個人在做事情之前如果對某件事情就樹立了錯誤的「標籤」，可想而知，他在做這件事情的時候是無法全面思考問題，自然會讓我們的思維變得固化，甚至影響我們正確的判斷。

　　威立雅十分後悔，他在招聘銷售經理的時候沒有選擇安娜，因為安娜是法國人，他認為法國人工作不積極，後來，安娜去了競爭對手公司，並為對方開拓了大量新客戶。正是因為威立雅的基因謬誤，導致用人判斷失誤。

在生活中，我們需要做的不是提前預感某件事的對錯、某個人的好壞，而是要在論證中得到真相，不要單純憑藉「標籤」去評判一個人或一件事，這是不合理的，也是違背邏輯的。

第 五 章

邏輯技巧：
練就全方位縝密思維

37
聯想法：讓思維更活躍

在這個世界上，不僅生活著人類，還生活著其他的動物和植物，所有的生命體都是息息相關的，沒有生命能脫離另外一種生命體的支撐，也沒有一種生命體能夠單獨存活於這個世界上。也正是因為他們之間存在一定的關聯性，才要求我們人類的思維更加活躍和積極。

在生活中，存在著一種「虛線思維」。什麼是「虛線思維」？就是事物與事物之間存在的聯繫，依靠這種千絲萬縷的聯繫形成的思維。而我們的聯想思維就是「虛線思維」，聯想思維指的就是人們在頭腦中將一種事物的形象與另一種事物的形象聯繫起來，從而探索兩種事物之前共同的或類似的規律，從而將問題進行解決的思維模式。

不難看出，聯想思維與其他的思維類型不同，這種思維利用的是物與物之間的聯繫進行的思維過程，這就要求事物之間存在關聯性，正因為事物之間存在一定的關聯性，所以才會讓我們的大腦變得十分活躍，由此想到彼，由彼想到此。

有家玩具公司在看到「複製羊」桃莉的案例之後想到了一個點子，他們承諾只要顧客將孩子的照片和一份反映孩子特徵的表格寄給公司，公司就能夠根據照片和資訊做出一模一樣的玩具娃娃。因而吸引了一些失去獨生子女的父母青睞，一些家庭為了給自己的孩子找個「玩伴」，也會購買這種玩具娃娃，公司的生意一下子興隆起來。

這家公司之所以會有這樣的銷售思路，無疑是因為他們發揮了聯想思維的作用，通過「複製羊」的事件想到了銷售「孿生」玩具的概念。這種針對事物概念發生的聯想，可以達到活躍思維的目的。

在古代，醫學家華佗無意間看到了一隻蜘蛛被馬蜂蜇傷了，落在一片綠苔上，只見蜘蛛在綠苔上翻滾了幾下，蜇傷部位的腫便消失了。他由此聯想就到綠苔具有消腫消毒的作用，便用綠苔為人治病。通過試驗，消腫解毒良藥便問世了。

通過這些例子不難看出，聯想作為探索未知事物的一種方式，它是一種創造性思維活動。如果沒有存在於事物之間的客觀聯繫，聯想也就很難發生。如果離開了客觀聯繫，進行的想像只能稱之為幻想。所以，要想提高聯想能力，讓自己的思考變得活躍，就要廣泛地參加社會實踐，接觸和瞭解事物，發現事物之間的聯繫性。然後，將實際經驗、知識資訊儲存到大腦中，促使大腦建立資訊的連接。這樣能夠促使大腦調動資訊，建立各式各樣的聯繫，從而產生豐富的聯想，進行創造性思考。

聯想是開啟人類思路、昇華人們思想的催化劑，如果我們缺乏廣泛的聯想，社會就難以進步，科技也難以得到創新。經過研究證明，人們的聯想能力跨度是很大的，對於一個不瞭解兩種事物的人來說，無法發現兩個看似風馬牛不相及的事物會存在聯繫。而對於瞭解兩個事物的人來講，他們的大腦會將兩者有意識地進行拉近，從而將兩者聯繫起來。這種大跨度的聯

想思維，往往能夠造就巨大的創造力。因此，聯想對於人們的思路開闊、尋求新方法、謀求新出路是有很大幫助的。

聯想被稱為打開記憶之門的鑰匙。在我們人類的大腦中，儲存著大量的資訊，它原本可以綽綽有餘地應付各式各樣的問題，但是隨著時間的不斷推移，這些資訊會漸漸地被人們淡忘，在我們的頭腦中，也會出現各種模糊雜亂的問題，甚至我們的記憶也會變得模糊雜亂，自然就很難利用。聯想能說明我們對大腦資訊進行挖掘，把事物之間的聯繫在頭腦中再現出來。那麼，聯想究竟有怎樣的特點呢？

1.連續性

聯想的出現並不是偶然的，也不是碎片化的存在，而是與事物的前因後果具有連續性的。

一間工廠換了新主管，上任主管因為判斷失誤導致廠區虧損上億元。新主管上位之後，召集所有員工開會，台下有人遞上來一張字條，字條上寫著：「當工廠虧損的時候，你在幹什麼？」

新廠長當場宣讀了這張字條上的內容，問這是誰寫的，台下無人敢承認。於是，新廠長站起來說道：「工廠虧損的時候，我就坐在你的位置上呢。」新廠長說完之後，台下響起一陣掌聲。新廠長正是由寫字條之人的位置，聯想到自己曾經身處的位置，從而說出了這句高EQ的話語。

2.形象性

聯想所抓住的聯繫點往往是形象的、便於分辨的。聯想表現出來的是具體化的，基本的思維操作單元是表象，是一幅幅的畫面，因此，聯想顯得十分生動和有趣。

女兒因為沒有找到好的工作，心情沮喪，她將這件事情告訴了父親。

父親將女兒叫到廚房，在一個鍋子裡放上了硬馬鈴薯，第二個鍋子裡放上一個雞蛋，第三個鍋裡放上咖啡豆。女兒很不解地看著父親，並且不耐煩地問道：「您要做什麼呢？」

過了一會兒，父親關火，將三個鍋同時端到了女兒面前，他取出馬鈴薯和雞蛋，將咖啡倒出來。父親示意女兒摸一摸馬鈴薯和雞蛋，女兒仍然不解地看著父親。父親說道：「這三樣食物都經歷了開水的燉煮。原本堅硬的馬鈴薯變軟，有一層保護殼的雞蛋變硬，只有咖啡豆散發出香醇的味道，成了濃香四溢的咖啡。」

女兒不解地問道：「爸爸，您想要說什麼？」

「女兒，你想要成為哪一種？當身處逆境的時候，你應該如何去面對？你是一蹶不振，承認自己是軟弱的馬鈴薯，還是拒絕合作和抗拒成為堅硬的雞蛋，還是融入生活，成為香醇的咖啡？」父親說道。

女兒瞬間明白了父親的良苦用心。

3.概括性

　　培養和訓練聯想能力，一般會採用「概念聯想法」，這種方法能夠讓我們將客觀事物之間常見的關係進行總結概括。

　　在生活中，我們可以有意識地對自己的聯想能力進行鍛煉，從而讓自己的大腦變得更加活躍。比如，參與討論與辯論，思想在辯論中能夠進行昇華。當然，要鍛煉自己的聯想能力，還需要我們敢於質疑，包括權威結論和個人結論，如果邏輯上明顯解釋不通，自然就無法進行聯想了。

38
內省法：查漏補缺的好方法

內省是自省嗎？如果從心理學角度來講，內省法是構造主義學派的主要研究手法，通常需要將被測試者的心理活動用報告的形式表現出來，然後通過分析報告資料得出某種心理學結論。如果我們換個角度，從邏輯思考角度來講，就是通過對自我行為或意識的反思，查漏補缺，從而完善自己的思維，讓思維更加縝密。因為內省法是心理學研究的一種方法，所以它對研究人的心理有重要的輔助作用。

從思維角度來分析，內省要求我們積極主動地去觀察、審視、反省自己內心。懂得內省會對我們個體的自我發展、學業、工作甚至人際交往產生重要的積極作用。因此，我們要積極主動地去實現內省，提高我們的全面思維能力。

每個人的思維方式都是不一樣的，人與人之間最大的差異就是認知的差異，我們的思維方式決定了思考問題的深度與方法，甚至決定我們對事物認識的正確性。在日常的工作和生活中，我們是以什麼樣的思維方式在思考、在行動，決定了事物最終所呈現的結果和狀態，同樣地，我們進行及時的內省，能夠最大限度地避免自己犯錯，避免踏進思維的迷宮。

兒時的司馬光是一個貪玩貪睡的孩子，每天早起都不想起床，即使因為賴床上學遲到被先生責罰、被同學嘲笑，他還是會賴床。後來，在教書先生諄諄教誨下，他徹底意識到自己的缺點，決定改掉貪睡的毛病。

為了能夠早早起床，他睡覺前會喝很多水，這樣早起就會因為想要上廁所而起床。不僅如此，司馬光還用圓木頭做了一個警枕，早上只要自己一翻身，頭就會落到床板上，自然自己就會被驚醒，從此他天天早起，再也沒有遲到過，終於成了一個學識淵博的史學家。

　　司馬光通過內省意識到自身的缺點，從而通過一系列的措施，讓自己建立起早起的習慣。而這種內省是在自身行為上，下面這個案例則是對思維方式的一種內省。

　　一家服裝店已經好多天沒客人了，老闆很著急，店員也很無奈。這天終於有一對年輕夫婦走進了服裝店，店員熱情地上前去招呼。但是夫婦二人並沒有表現出太大的興趣，在轉了幾圈後，決定要離開這家商店。

　　這一切都被服裝店老闆看在眼裡，服裝店老闆發現，原本夫婦二人還是興致勃勃的，但是看了一圈衣服就沒有了購買欲望。他發現夫婦中的女士翻看了幾下擠得滿滿的衣服，最終，連試穿的欲望也沒有了。

　　老闆心想可能是因為自己的貨架和展示架的衣服太多，他本想多掛幾個款式的衣服，這樣客人能有更多挑選的機會，但因為衣服款式太多，全都擠在一起，導致客人失去了購物的欲望。經過再三思考，服裝店老闆讓店員將衣服重新陳列，將最新款單獨掛在櫥窗裡，貨架上的衣服也只保留經典款式。過了一個月，服裝店裡的生意慢慢好起來，顧客也越來越多了。

服裝店老闆的內省是對顧客的心理進行了分析，從而完善了自己的思維，這就使得人們打開了思路。很多時候，我們需要對自我思維進行內省，在整個內省過程中，我們抓住的不僅僅是事物本身的反應，更多的是對事物呈現出的結果進行分析。

　　在生活中對思維形式進行內省，對我們有何益處呢？

1.優化行為，從而優化結果

　　當我們的思維更加全面，做事情的時候思路更加清晰時，自然會影響到我們的行為，從而促使我們做事情的結果更加符合自己的預估。比如，我們內省後發現自己做事情不夠理性，在遇到同樣問題，出現急躁情緒時，我們會勸導自己理性地對待眼前的一切，從而避免因為衝動而做出過分之舉。

　　銷售部的全體成員接到公司的命令，要求在一個月的時間內，將現有的所有貨物都銷售出去，因為公司要收回資金。銷售部經理按照成員的能力，將銷售部分成了三組，每個組的任務量是一樣的。

　　經過一個星期的銷售發現，銷售業績並不好，原來在每個小組中，都有一個銷售能力強的人，而其他兩個人都是銷售能力相對較弱的，這樣一來，銷售能力弱的人會產生「依賴」心理，將希望寄託在銷售能力強的人身上，而銷售能力強的人則覺得很不公平，自己銷售得多，其他隊員銷售得少，最終自己分到的團隊獎金與其他人是一樣的，自然也就喪失了銷售的動力。

　　銷售部經理在反思之後，決定打亂小組制，以個人為

主體，銷售業績好的人獲得多的獎勵，銷售少的人自然只能獲得少量的獎勵。

2.內省的過程是一個避免犯錯的過程

在生活中，犯錯是在所難免的，但是沒有一個人希望犯錯。因此，對自我思維和行為的內省，就是一種避免發生錯誤的方法。當然，這個方法也是最直接和有效的。

一隻兔子因為太懶，將自己窩邊的草吃得一乾二淨，這天牠又餓了，打算出來找吃的，在即將出洞的一瞬間，牠發現大野狼就躲在洞口。此時，牠意識到了危險，明白自己的洞穴已經被發現了。

忍受饑餓的痛苦，牠在洞裡待了兩天。大野狼看到洞口沒有了草，連著兩天沒有兔子出沒，便認為這是一個廢棄的兔子洞，便走了。

兔子汲取這次的經驗教訓，牠在以後的覓食過程中，無論多麼饑餓，都不再吃窩邊草。

動物如此，人亦如此。內省的過程其實是一個自我認知的過程，很多時候，我們對自己的認知不足，也就是說我們根本不瞭解自己。在自己不瞭解自己的前提下，我們急於去瞭解別人，甚至去分析別人，得到的結果自然是不合理的。因此，用內省法對自我進行剖析，瞭解自己的行為習慣和思維方式，發現自己思維中的缺陷，找到彌補缺陷的方法，這對我們完善自我行為是有很大幫助，同時，也有利於我們去瞭解別人。

39 質疑法：對與錯都有原因

很多人可能聽到過這樣的理論，說對與錯只在一念之間，一念成佛，一念成魔。也就是說人無論是做得對還是錯，都在一念之間。而導致對錯結果產生的根源是人的「念」，也就是人的思想。

在生活中，我們難免會做錯事情，而無論是做對了還是做錯了，對與錯所呈現出來的只是結果，它並不代表產生錯誤結果是毫無根據的。也就是說，對與錯的產生都是有原因的。

所謂「萬事皆有因」「有因才有果」。的確，無論我們做什麼事情，都有自己的理由，也有自己的思想，而一個結果的產生，無論好壞，都是由原因造成的。正是因為這點，就要求我們在日常生活中，能夠用縝密的思維去分析事物，同時，我們要敢於質疑結果。

我們經常會聽到別人提醒我們要「敢於質疑」，也就是多去尋找事物的原因與本質，無論事物是對是錯，要看到結果背後的原因。而這種思維上的質疑，是一種懂得思考，善於發現的清醒。

有一位名人說過：「人是一根會思想的蘆葦。」這就表明，人要善於思考問題，而思考問題就要具備辨別能力和明辨是非對錯的本領。如果別人說對，我們也就認為是對的，別人說錯，我們就認為是錯的，那麼我們就沒有了自己的判斷，久而久之，自然也就失去了判斷的能力。

古代私塾先生教孩子讀書，只是教孩子將書上的內容背起來，而先生每天的任務就是檢查孩子是否背好了。

這天照舊，私塾先生走進課堂，要求學生背誦昨天交代的背誦作業。這個時候，只看到一個學生站了起來，問道：「先生，您讓我們背誦的知識是什麼意思？」

先生剛開始認為這個孩子是頑劣的學生，拿著戒尺走到這個孩子面前問道：「你背好了嗎？」

「背起來了。」孩子說道。

私塾先生點點頭，沒有說什麼，走到講臺上說道：「我原本認為你們長大了自然會明白書本上的意思，現在既然你們想要明白書本上的道理，那我就講給你們聽吧。」

從那天起，私塾先生每天都會先將要教授的內容講解一遍，然後再要求學生去背誦。課後，有人問那位站起來提問的學生：「你不怕先生用戒尺打你嗎？」

他回答道：「學問，不懂就要問。我們不懂書本上的意思，背誦也是沒有用的。」

很多時候，我們會將已經形成的知識或行為習慣當作理所當然存在的，甚至會當作正確的，根本不去分析這些約定俗成的行為是否真正正確。而質疑法就是讓我們擺脫原有的認知，根據事物的本質特點來斷定現有的行為是否正確。不僅如此，利用質疑法能夠讓我們看清楚事物的真面目。

在1801年的時候，一位勇敢的物理學家發表言論說：「儘管我仰慕牛頓的大名，但是我並不因此認為他完全正確。我遺憾地看到他也會出錯，而他的權威也許有時甚至阻礙了科學的

進步。」這位物理學家就是湯瑪斯・楊格（Thomas Young）。他敢於質疑，敢於創新，所以最終在光的「波動說」方面取得了創新，促使光學研究從原來的死胡同走了出來。

每一個科學的進步都離不開創新，而創新背後的思維基礎則是質疑。敢於質疑就是一種敢於挑戰真理的精神，尤其是大家都認為對的時候，我們能夠找到推翻理論的根基所在，這才是質疑的價值。

如果我們說對的事情都是有原因的，這個理由足以讓大家點頭。然而，錯誤的事情也是有原因的，恐怕很多人不曾仔細分析過這個問題。的確，世間萬物的存在都會遵循一個因果關係，即使錯誤的結果，也可能會遇到正確的原因。比如，在電影《我不是藥神》中，主人公為了幫助更多的患病者，做出違法違紀的事情。結果，主人公被判了刑。我們如果單純地看結果，可能會覺得主人公做錯了。但是如果我們分析原因，會發現主人公身上存在著正義、無私，他無法容忍那麼多的病人因為買不起正版藥而死去，也是出於這個原因，他決定做違法的事情。當我們看到原因之後，我們不會責備主人公的犯罪行為，反而會敬佩他的行為，即使這種做法不可取。因此，對事物原因的分析，能夠促使我們看清楚事物的本質，也能夠讓我們看清楚結果對與錯的本質。那麼，質疑法的運用，對我們日常生活有怎樣的好處？

1.質疑是一種精神，也是一種人格，因此，對我們的人際交往是有幫助的。古語有言：「君子和而不同，小人同而不和。」也就是說，我們與人交往的過程中，正是在思維上運用了質疑法，這能讓我們接受別人觀點的時候，形成自己的觀點。我們可以變得大度，允許別人思想與自己思想的不同，這對我們的人際關係的維護是十分有幫助的。

2.質疑是一種創新，因為質疑的過程是我們對知識、常識和經驗進行瞭解的過程，在整個過程中，我們要做的不僅是理性的懷疑，更要保持警戒之心。**創新就需要從質疑開始，有了不同的思想，才能有新的發明與發現。**

　　有的人可能會說，有的時候自己看不到導致事物發生的原因，或者不清楚導致出現這樣的原因是什麼。而對於原因的推理和分析是需要一定的思維過程和知識積累的。比如：我們如果問一個農民為什麼會發生金融危機，他可能說不出原因，但是他知道金融危機對自己的收入會產生影響，但這不代表金融危機沒有原因。因此，我們在掌握了一定知識之後，用質疑法去分析結果，這樣才有意義。

　　在思維的過程中，遵循事物的本質的過程，往往能讓我們將事物看得更透徹，如果我們拋棄了對事物原因的分析，只看重結果，那麼，我們很容易犯錯，思維也會變得局限。

40

排除法：刪掉錯誤項

　　排除法是人們日常生活、工作、學習中經常會用到的選擇方式，這種方法是依據類比或對比對存在的假命題進行排除。單純看排除法的概念，或許我們會感到十分複雜，但是說到我們上學的時候，做選擇題時運用到的排除法，肯定不會感到陌生。在試卷上給出了四個選項之後，我們要做出選擇，就可以運用排除錯誤選項的方式。在思考問題的時候，排除錯誤項，這對我們進行全面、正確的思維也是有幫助的。

　　小麥邀請了自己的四個朋友來家裡做客，四個朋友分別來自三個國家。為了使他們能夠自由地交談，小麥要將四個人安排在一張圓形飯桌上。其中，小麥是中國人，不僅會說中文，還會說英語；甲是德國人，會說德語還會說中文；乙是英國人，會說英語和法語；丙是日本人，會說日語和法語；丁也是日本人，會說日語和德語。請問小麥該如何安排這些朋友呢？

　　要確保每個人都有可以聊天的人，那麼就需要運用排除法來安排座位。即小麥要保證朋友與自己的兩個鄰座進行交談。小麥是這樣安排座位的：小麥坐在乙旁邊、乙在丙旁邊、丙接著丁、丁接著甲，而甲在小麥旁邊。這樣正好五個人在一張圓桌上。小麥可以與乙朋友說英語，乙朋友也可以與丙朋友說法語，丙朋友與丁朋友可以說日語，丁朋友可以與甲朋友說德語，甲朋友與小麥可以說中文。

在生活中,要用到排除法進行推理的時候很多,當然,運用排除法進行推理也是有前提的。

首先,我們進行推理的結果要有選擇性。也就是說,如果給出了一個結果,那麼我們無法做選擇,自然也就不用排除法來尋找答案了,所以要給出兩個及以上的選項,我們才能運用排除法。其次,在選項中,必然有一個或多個正確項,但不可全部都為正確項,否則排除法也就沒有了運用的意義。比如,我們要排除錯誤的選項,才能得到正確的選項。最後,運用排除法進行推理的時候,要有依據,判斷要有依據,不能毫無根據地進行排除,那樣根本無法稱之為排除。

在生活中,我們運用排除法,獲得自己想要的事情發展結果,那麼,排除法的運用究竟有怎樣的好處呢?

1.運用排除思維法,最直接的好處就是可以讓我們少走冤枉路,讓我們在「必然性」中更快地找到自己想要的答案。

週末,一位父親開著汽車要帶孩子去野營,通往野營地點的路有三條。父親一時之間不知道究竟要走哪條。經過觀察發現,最左邊的路很窄,汽車根本過不去;中間的路很寬,但是很少有汽車朝著那條路駛去,最右邊的路雖然看著曲折,但是有很多車輛在那條路上行駛。最後,這位父親選擇了右邊這條路。因為週末,很多人都會帶著孩子去野營,所以路上會有很多私家車。

2.排除思維能夠讓我們在尋找答案的時候，對事物有全面的認知。 比如在工作的時候，有三個任務可以讓你去選擇，一個任務是比較難完成的；一個任務是很容易就完成的；一個任務是需要與別人合作才能完成的。如果你的老闆讓你自己選擇一個任務去完成，你會選擇哪個？當我們進行選擇的時候，肯定要對自己的能力和任務進行分析，從而做出一個相對合理的選擇。在分析的過程中，我們會對自己有一個客觀的能力認知，從而對三個任務進行全面的瞭解，這樣才能保證自己在使用排除法選擇的時候，不會出現差錯。

我們在生活中，經常會看到有人在下棋。其實，下棋的過程就是一個排除思維的運用過程，每走一顆棋子、每走一步都要再三思考，全面分析，從而選擇一個有優勢的棋子，走出距離目標最近的一步。

我們運用排除法進行推理或思考，目的是能夠以最快的速度獲得自己想要的答案。在這個過程中，我們不得不承認，排除思維就是一個選擇的過程。我們選擇的依據就是客觀存在的事實真相和本質，如果我們脫離了客觀存在，只是憑藉自己的感受和情感進行選擇，勢必會對我們的判斷產生誤導。所以說，**排除法應用的基礎是保持理性的頭腦**，只有在理性、理智的狀態下，才能讓我們找到正確的答案，也才能讓我們實現正確的排除、正確的選擇。

41
填充法：構建框架的習慣

提到思考，我們的整體印象是怎樣的？就拿做一項工作來講，我們首先要瞭解完成這項工作要分幾步去做，然後才是每個步驟要如何做，有哪些細節工作要做。思維構建也是如此，我們要對主體進行一個全面認知，然後大腦中會形成一個思考框架，而這個框架就如同我們寫文章的提綱，將主要的方向羅列出來，然後再去填充內容，這就是我們要用的填充法。

我們大腦在進行思維填充的時候，很多時候是無意識的，或者說我們本身不想有意地去填充，但是大腦會自動地填充內容，這就表明我們已經養成了構建框架、細節填充的習慣。這種習慣的養成，對我們細化思維、全面思考是有利的。

每個人的思維框架構建形式不同，但是無論哪種構建思維框架的方法，其目的就是讓我們更加清楚目標是什麼，自己要通過思維活動，實現怎樣的行為。

一位媽媽要給年幼的兒子準備生日派對，因為兒子希望邀請好朋友來家裡慶祝。這位媽媽第一次為兒子舉辦生日派對，她不知道要做什麼。

經過一番思索，她在大腦中有了自己的構思：

一、讓兒子的朋友知道這件事情，並來參加；

二、環境的佈置；

三、客人來了要安排的節目。

經過思考，她發現其實也無非這三點要準備的。於

是，她又細化了三方面的細節問題。

一、讓兒子的朋友知道這件事情，並來參加。

　　1. 與兒子商量邀請人員名單；

　　2. 製作邀請卡片，由兒子發送；

二、環境的佈置。

　　1. 購買布置房間的物品；

　　2. 全家一起布置房間。

三、客人來前準備，客人來後安排。

　　1. 去超市購物，餐食的準備；

　　2. 蛋糕預定；

　　3. 宴會流程。

在進行思維細化和填充之後，這位媽媽瞬間便知道自己要先做什麼，再做什麼。這就是她思維框架構建的過程。當然，在思維框架構建過程中，我們需要注意下面幾方面的問題：

1.要搭建思維框架就需要思維模型，思維模型的選擇十分重要。**每個人的能力圈不同，所以選擇的思維模型也不一樣**，因此在搭建思維框架的時候，受到思維模型的影響，框架也會不一樣。即使是針對同一件事，在不同的思維模型影響下，我們所搭建的思維框架也有所不同。思維模型大都是從理論中分化出來的，但有些理論其實沒有落實到思維模型中，就需要我們在掌握理論的同時，能夠將理論應用於實踐，在實踐中展現自己的理論和思維。

2.受到周圍環境的影響，我們所搭建的思維框架是不同的。比如，我們身處工作中，我們要完成一項任務，可能會考慮自己對周圍同事產生怎樣的影響，如果我們身處家庭中，要考慮自己的行為是否對家人產生不良影響。

思維框架的構建並不是一件容易的事情，尤其是養成思維框架搭建的習慣，這並不容易。在生活中，如果我們能夠在日常對自己的思維搭建能力進行有意識的訓練，這必將影響我們的日常生活，對我們的日常行為也會產生很大的影響。因此，要用填充法來構建思維框架，不妨從以下幾點來進行：

1.選定大方向

在做任何事情之前，我們的目標就是我們行動的方向，對於思維框架構建也是如此，我們首先要明白自己的目標是什麼，比如做這項工作的目標是什麼，什麼樣的結果是我們想要實現的。在知道大的方向、目標之後，我們的行為才更有針對性，行動計畫的制訂才更有意義。

2.細節後期填充

雖然明白了大的目標和方向，但是一些細節問題需要我們去填充，也需要我們去認真思考，在細節填充上，一定要考慮可行性。細節的填充需要講究一些方法，不是所有涉及大方向的細節都需要在思維上進行填充或補充。

填充法有助於增進思維的緊密性，確保思維的緊密性，我們才能讓自己的思維變得更加活躍、行為上減少出現紕漏。

42 經驗法：積累思想經驗

經驗法的運用，對於很多人來講並不陌生，因為無論我們做什麼事情，都會有自己的經驗要傳播。在現實生活中，我們做任何事情，都會收穫一些經驗教訓，而這些積累下來的經驗就是我們可以利用的思維推理手段。

積累是我們一生中最應該具備的能力。但凡事業上有建樹的人，都是十分善於積累的人。同樣，積累也是一項極為細緻的工作，不僅需要細心、耐心，更需要不厭其煩地細水長流，三天打魚兩天曬網的人，是做不到積累的。積累可以豐富自己的知識，並且擴展自己的視野。

世界文化名人、猶太作家肖洛姆·阿萊漢姆（Sholem Aleichem），小時候經歷並不好，他的後母對他很不好，經常折磨、謾罵他。每天晚上，委屈的肖洛姆會自己躲到角落，傷心地流著眼淚將這一切記錄下來，他會記得很詳細，自己是如何被繼母謾罵的。日久天長，他竟然記了滿滿的一大本。

長大之後，他把這一堆罵人的詞彙按字母的先後順序編成一個小詞典，命名為「後母的詞彙」。他說這是他的第一部作品。後來，在他寫的文學作品中，不少咒罵和尖刻的話都讓人覺得十分精彩，而這些都是從他後母的詞彙那裡「借」來的。

可見，肖洛姆・阿萊漢姆兒時經歷中的某些部分已經成為他日後寫作的經驗，這些經驗對他的寫作造成良好影響，這也正是經驗的巧妙之處。在每個人的生活中，我們每天都會經歷很多事情，也會經歷很多別人的事情，有心的人會從中汲取經驗，進行總結。等到自己真的需要的時候，這些經驗又會成為不可或缺的部分。因此，在我們日常生活中，我們不僅要學會總結經驗教訓，更要讓自己的思維活躍起來。

巴菲特（Warren Edward Buffett）說過這樣的話：「當一個有錢的人遇到一個有經驗的人時，有經驗的人最終有錢，而有錢的人最終得到經驗。」可見這是巴菲特的經驗之談，這句話足以體現他對經驗的肯定和重要性的認知。而在現實生活中，很多人會將行為經驗定義為思想經驗，其實這是不正確的。下面我們先看一個行為經驗的典型例子：

古時候，康肅公正在練習射箭，有個賣油的老翁放下擔子，站在旁邊，觀看他射箭。很久都沒有離開，老翁看到康肅公射箭技術很好，微微點頭。

康肅公問老翁，是不是懂得射箭的技術，老翁說自己不懂射箭，但是知道這主要是靠手法嫻熟才能射得好。康肅公有些生氣，說：「你怎麼敢輕視我射箭的本領呢？」賣油老翁說：「就憑藉我倒油的經驗。」

於是，老翁拿出了一枚銅錢，將銅錢放到了葫蘆口上，慢慢地用油勺子舀油注入葫蘆，油從銅錢孔注入，但是錢幣卻沒有被打濕。老翁邊笑邊說：「我只是手法熟練罷了。」

很多人都聽過《賣油翁》的故事，這個故事中，賣油翁由於擁有嫻熟的手法，所以他倒油的技術高超，而這歸根結柢是他行為經驗導致的。

與《賣油翁》不同的是賣炭翁賣炭的故事：有位賣炭的老翁，整年在南山裡砍柴燒炭。到了冬天，他會將自己的炭載到集市上賣。每次去賣炭，他都會選一個特別寒冷的天氣，因為他知道天越冷，炭的價格越貴，這樣他就能多賣一些錢了。

賣炭翁的思想其實就是出於自己多年的賣炭經驗，他的經驗使他明白，天冷人們需要的木炭就會多，需求多了，炭的價格就高了。

在生活中，我們要像賣炭翁一樣，多積累一些思想經驗，這對我們日後的生活和工作都是有好處的。對於經驗的積累，其實是有一定技巧的。

1.對事物發展的規律進行總結

事物發展會遵循一定的規律，也會產生不同的效果，因此，我們可以對經歷的事物規律進行總結，在以後遇到同類事情的時候，我們可以通過規律的總結去支配我們的行為，完成當下的任務。

2.對事物結果進行分析

　　每件事情的結束總會產生一定的結果，不管是正面的結果還是負面的結果，我們對事情做的總結，是為了以後遇到同樣的情況，不至於再次出錯。當然，對結果分析的過程，其實也是自我行為和思想剖析的過程，每個人都應該進行有益的行為剖析。

3.在事物發展過程中的一些思想總結

　　在事物發展過程中，我們會帶入一些自己的想法。因此，在這個過程中，我們需要的就是對自己的思想進行總結，總結自己思想的目的，就是為了能夠更好地獲得知識。當然，並不是每個人都擅長對思想進行總結。這就需要我們有意識地去關注自己的思想和思維變化，從而有意識地進行分析總結。

　　在生活中，我們做任何一件事情，都需要付出腦力勞動，而腦力勞動的關鍵就是思想和思維。一個善於運用思想經驗處理事情的人，往往能夠達到事半功倍的效果。而一個不懂得總結思想和思維發展的人，做事情往往是虎頭蛇尾、毫無頭緒。

43
多方面感知：消除思考盲點的秘密武器

什麼是感知？或許有人會將感知直接概括成感覺，其實感覺只是感知的一方面，感知即意識對內外界資訊的察覺、感受、注意、知覺的過程。而感知可以分為感覺過程和知覺過程。

感覺過程中，被感覺的資訊包括個體內部的生理狀態和心理活動，也包括外部環境的存在和關係資訊。**知覺過程**，是對感覺資訊進行有組織的處理，對事物存在的形式進行理解和認知。

如果單純通過上面的概念，我們可能會覺得感知如此深奧，但是感知其實能夠彌補思維上的漏洞，尤其是我們運用多種途徑去感知。那麼，我們的感知途徑有哪些呢？

1.聽覺能力

通過人類的耳朵進行聽覺感知，包括聽感覺能力和聽知覺能力，簡稱聽覺。比如，音樂的美妙、雜訊的刺耳。

2.視覺能力

通過人類的眼睛進行視覺感知，包括視感覺能力和視知覺能力，簡稱視覺。

3.嗅覺能力

通過人類的鼻子進行嗅覺感知，包括嗅感覺能力和嗅知覺能力，簡稱嗅覺。

4.味覺能力

通過人類的舌頭、口腔進行味道感知，包括味感覺能力和味知覺能力，簡稱味覺。

5.觸覺能力

通過人類的肢體、皮膚等與外界進行接觸，包括觸感覺能力和觸知覺能力，簡稱觸覺。

6.運動覺能力

人類在運動的過程中進行的感知，包括運動感覺能力和運動知覺能力，簡稱運動覺。

7.平衡覺能力

包括平衡感覺能力和平衡知覺能力，簡稱平衡覺。

8.空間覺能力

人類對所處空間感覺能力和空間知覺能力，簡稱空間覺。

9.時間覺能力

人類對時間存在的一種感知，包括時間感覺能力和時間知覺能力，簡稱時間覺。

10.糾錯覺能力

人類對錯誤的察覺能力，包括感覺糾錯能力和知覺糾錯能力，簡稱糾錯覺。

通過多種類、全方位的感知，能夠讓我們的思維更全面。「感知」這個詞出現的頻率雖然不高，但人的行為是受到大腦支配的，每個人大腦裡面想的東西能夠導致一個人的行為發生改變。

舉個例子，有時候我們回過頭看幾年前自己的一些想法或者做法，會覺得當時自己十分的愚蠢和幼稚。當然，過幾年再去看現在的想法或行為，又會覺得非常愚蠢，自己有時候覺得身邊人的一些行為和思想是愚蠢的，身邊有些人卻非常優秀。比如有時候會覺得這個人為什麼這麼聰明，這個人能力怎麼會

這麼強，這個人為什麼能讓所有人都喜歡……原因當然會有很多，但是最大的區別就是感知能力不同。

　　一位年邁的智者問兩個年輕人：「你們的夢想是什麼？」

　　矮個子年輕人說：「我的夢想是成為千萬富翁。」

　　高個子年輕人說：「我的夢想也是成為千萬富翁。」

　　智者說：「現在我給你們每個人100美元，你們拿著這100美元去實現自己的夢想吧。」

　　高個子年輕人拿著100美元，他將這筆錢放到了存錢罐，他沒打算花智者贈予的100美元。而是自己找了個臨時工的工作，每天早起幫一家飯店的廚房摘菜、洗菜，廚房供餐，所以他每天不會花錢，每個月還能收入800美元。在他做了兩個月之後，他感知到自己如果再這樣做下去，是不會有大的發展的。於是，他用自己賺到的1600美元，買了一些小商品，每天晚上，他會帶著小商品去廣場、公園等人多的地方售賣。就這樣一年過去了，他賺了50萬美元，之後，他用這些錢開了一家玩具加工廠，三年之後，他收入突破了一千萬。即使如此，他還是堅持每天早早起床，持續工作。

　　矮個子年輕人拿到100美元後十分開心，他想到自己原來一分錢也沒有，現在就已經擁有了100美元，於是，第二天他到了九點鐘也沒起床，因為太餓了，到了中午才起床，出門吃了一頓午餐。就這樣矮個子年輕人渾渾噩噩

過了一周，眼看100美元即將花完。他才意識到自己必須找點事情做。

　　第二天，矮個子年輕人找到了一個酒吧，他在酒吧推銷酒水，一個月薪水可以達到2000美元，他很開心，因為這份工作不用早起，只要晚上去酒吧就可以。於是，晚上去酒吧上班，白天睡大覺，成了他的習慣。

　　三年時間過去了，智者找到了兩個年輕人，高個子年輕人從存錢罐中拿出了曾經的100美元還給了智者，並且，他已經成為當地很有名的玩具製造商。而矮個子年輕人卻因為晚上喝酒喝多了，去見智者的時候兩眼朦朧，智者問他的夢想是否已經實現，矮個子年輕人說自己現在依然身無分文，因為每天晚上他在推銷酒水的時候，總是忍不住會喝幾杯，最後淪落為酒鬼，更別提千萬富翁的夢想了。

　　通過這個例子可以看出，高個子年輕人在飯店廚房打雜的時候，他就對未來有了感知，他不允許自己身處舒適區。而矮個子年輕人無法控制自己的壞習慣，對自己的未來也沒有正確的規劃和感知。

　　在生活中，我們很多時候是不善於運用自己的感知能力的，比如通過全面的感知，我們能夠知道與某個人合作可能存在不妥之處，但是始終不想放棄合作的機會，最終，對方背叛了自己，我們才會後悔。又比如，我們遇到了困難，通過感知我們意識到只要努力便能夠化險為夷，但是我們選擇了放棄。

做一個感知能力強的人，這不僅對我們的生活有幫助，對我們全面思維也是有極大幫助的。而一個不善於全方面感知外界的人，往往只活在自己的世界裡，這樣的人怎麼可能會經受得住社會的考驗呢？因此，在日常生活中，我們要有意識地去鍛鍊自己的感知能力，比如鍛鍊自己的觀察能力、聽覺能力、觸覺能力，等等，當我們有意識對自我感知能力進行訓練時，我們才能更好地去感知周圍發生的一切。

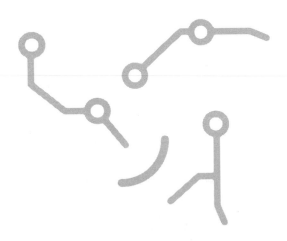

44

直接認知法：面對面直接瞭解事物的優勢

俗話說：「讀萬卷書，不如行萬里路。」這句話告訴我們親身經歷與體驗的重要性。思維過程也是如此，如果能夠直接面對面地瞭解事物，對我們的思維建立是十分有好處的。

當然，我們在身處事物發展中的時候，可以運用直接認知的方法來瞭解事物的優勢。要知道，每一種事物都有自身的優點，我們直接去認知事物時，可以抓住事物的優點，立足事物的優勢進行思考，這對我們進行選擇是十分有好處的。

在生活中，我們不通過面對面的瞭解，很容易出現偏差。不管是人與人溝通還是處理一些其他事情，都需要我們直接認知事物，面對面瞭解事物的優勢，只有這樣才能利用優勢來進行思維的完善。

1.直接認知能保證資訊輸入的準確性

我們對外界的認知說到底就是對事物資訊的輸入，只有保證資訊的準確性和正確性，我們的認知才更有意義。如果我們資訊的輸入出現了偏差，勢必會影響我們對事物的理解和認識。而在現實生活中，錯誤的資訊輸入會影響思維的正確性，因此，直接認知法是保證資訊準確性的關鍵所在。

瞎子摸象的故事，想必很多人都聽過：在很久以前，有四個盲人，他們從來沒有見過大象，也不知道大象究竟長什麼樣子，一天集市上來了一個人牽著一頭大象，四個

盲人就決定去摸摸大象。第一個人摸到了大象的鼻子，他說：「大象長得像極了一條彎彎的粗管子。」第二個盲人摸到了大象的尾巴，他說：「大象很細，像根細細的棍子。」第三個盲人摸到了大象的身體，他說：「大象既不像粗管子，也不像細細的棍子，反而像一堵牆。」第四個盲人摸到了大象的腿，他說：「大象才不像一堵牆呢，它像一根粗粗的柱子。」

周圍的人都開心地笑了，四個盲人不明白為什麼別人會笑。

通過觸覺的認知，可能會存在偏差，如果盲人能夠直接認知大象，他們或許不會將大象當成粗管子、細棍子、一堵牆、粗柱子。

2.直接認知能讓我們以最快的速度瞭解事物的本質

在面對面與他人接觸的時候，我們瞭解的不僅僅是自己需要瞭解的資訊，還可能接觸到「始料未及」的資訊，而這些資訊會刺激我們的大腦思維，甚至會影響到我們的判斷。因此，在與外界進行交往的過程中，直接認知能夠讓我們以最快的速度抓住事物的本質，從而做出合理的判斷。

一個剛進公司的新員工看到老員工在公司兢兢業業，但是這位新進員工覺得公司工作環境不好，薪資水準也不高，為什麼老員工能堅持一做就是十年呢？

到了年底，新員工發現自己的薪資帳戶裡多了5000元，他被告知這是年終獎金，原來，他透過老員工知道在這家公司上班滿10年，年終獎金竟然可以拿到30萬。這位新員工恍然大悟，明白老員工為什麼會願意留下來。

3.直接認知可以促進我們全面地思考

在認知過程中，通過間接的資訊掌握，可能會導致我們對事物資訊掌握有偏差，這也就無法促使我們形成全面的思維構架，而直接的認知過程，能更加直觀地讓我們掌握資訊的構架，從而促使我們實現全面思考。

古代醫學家李時珍為了研究，嘗遍了千種藥材。試藥就是他直接對藥材進行認知的過程，在這個過程中，他瞭解每一味藥材的藥性，也瞭解到了藥材的口感。或許正是因為他的直接認知，才成就了醫學著作《本草綱目》。

可想而知，如果李時珍不親身試藥、不直接與藥材接觸，他怎麼可能有如此的成就，更不會被世代銘記。

無論是人與人交往，還是我們與外界的交往，都意味著我們需要掌握儘量全面的資訊，瞭解事物的優勢，避開事物的缺陷，從而讓自己的思維更加縝密。對於外界事物優勢的瞭解，能夠讓我們利用事物的優勢展開思考，抓住事物的「閃光點」，這有利於我們找到新的突破點，這對事物的發展是有幫助的，對我們實現創新也是有幫助的。

第 六 章

邏輯突破：
突破博弈邏輯的瓶頸

45
「不傻裝傻」的底層邏輯

有人說，裝傻是做人的最高境界，有人認為，大智若愚是做人的一種高度。裝傻，是真的傻嗎？其實，裝傻並非真的傻，裝傻的前提是明白事理，是在知曉全局的前提下，根據自己的實際情況和真正目的而做出的自我展現。從邏輯學來講，「裝傻」的行為邏輯是一種底層邏輯，這種邏輯思考方式能夠讓我們擺脫尷尬或暫時逃脫困境，而這是為了維護自身的利益。

曾經紅極一時的電視劇《宰相劉羅鍋》中，最讓人羨慕的恐怕就是劉墉的岳丈，也就是六王爺了。他時常犯「糊塗」，又能在關鍵的時候「糊塗」得恰到好處，皇上不但不會怪罪他，反而會說他忠心。他的為官哲學就是「難得糊塗」，即看破不說破，明白裝作不明白，該裝傻的時候要裝傻。這就是他的「裝傻」為官哲學，而歸根結柢，他的裝傻背後的底層邏輯是「利益」，即維護自己的利益。

在生活中，我們在社會上勢必會遇到很多人和事，如果我們用直接的思維方式和行為方式去處理所有的事情，勢必會給他人造成傷害，甚至會危及自己的穩定生活。從另一方面來說，我們有太多的利益紛爭和鉤心鬥角，有數不盡的人情世故和人際交往，這樣的現狀，我們是無法改變也無法避免的。所以，我們為了避免自己掉進「陷阱」，就會選擇這種「隱藏」自己的方式，「裝傻充愣」既不讓自己處於現實的驚險之地，又讓自己很好地生存其中。

小宇是一名護士，經常會和其他同事聊天。同事們談論的主題無非是幾號床病人的太太怎麼了、幾號床病人得了什麼病等等。每次提到病人的情況，小宇都絕口不提，即使被問及，她也是三言兩語將話題轉移到其他方面。

在小宇眼裡，病人也有隱私，除了自己的病情，其他任何事情都不應該成為談論的焦點。所以她從不對同事管轄範圍內的病人好奇，面對別人的疑問，小宇總是假裝記不清楚，糊弄過去。

要知道，即使是經常在一起工作的同事，依舊存在著風險。一個思維縝密、善於思考的人不會因為逞一時口舌之快，就將自己置於危險之地。

裝傻，是我們身處社會上的「保護色」，它不代表我們懦弱，只是一種高情商的表現，是聰明人真正該擁有的一項技能。

1.「不傻裝傻」的思考方式意味著能屈能伸，以退為進

現實生活不會是一帆風順的，一個真正聰明的人往往善於在適當的時候服軟，在合適的時機做到以退為進。當然，一個思維縝密的人，十分清楚自己什麼該做，什麼不該做，自己該怎麼做。如果一個人懂得如何裝傻、以退為進，即使身處困境，也能十分得當地脫離困境。

2.「不傻裝傻」的人能做到深藏不露，低調為人

在現實生活中，我們會發現，那些「自作聰明」或是「驕傲自滿」的人往往會招惹他人的討厭。在這些人的眼裡，他們

覺得自己是絕頂聰明的人，所以才會表現得異常自信。但是在思維縝密的人看來，這樣的人是愚蠢的，也就是我們所說的「樹大招風」。

人心難測，我們是善良的，但是並不代表所有人都善良，我們不想去將簡單的事情複雜化，並不代表別人不會將簡單的事情搞得複雜。因此，在這個時候，我們可以用「不傻裝傻」的應對技巧，做一個低調的人，不去炫耀自己的能力，即使自己實力堅強，也不會過多地去顯現在眾人面前，面對別人的誇讚，只會露出笑容，一帶而過。

3.「不傻裝傻」的人可以做到看破不說破，表面裝糊塗

看破不說破，這是一種人際交往智慧，可以說這已經是當代社會成年人生存在社會上必須學會的原則之一，也是聰明人必須學會的技能之一。

看破不說破，表面裝糊塗的意思就是在對待事情的過程中，能夠做到睜一隻眼，閉一隻眼。哪怕我們面前的這個人，在高談闊論，我們知道他是在自我吹捧，但是也不要急於去揭穿他，我們只要做到「心知肚明」，配合他的表演就好。

有一個這樣的故事，亞馬遜CEO貝佐斯在很小的時候就表現出了自己的聰明，他也時不時願意在外人面前表露自己的聰明。

一次，他跟隨外祖父母一起驅車出門。年幼的貝佐斯自然不想放過這次「臭屁」的機會，他正在思考如何在眾人面前彰顯自己的聰明才智。他坐在車的後座上，突然看到外祖母在抽煙，便聯想起了一則著名的廣告，廣告中講

過，每吸一口香煙，就會減少大概兩分鐘的壽命。貝佐斯覺得機會到了，於是他在心裡算好了一組數字，然後驕傲地拍了拍外祖母，並放大聲音說道：「每天抽煙兩分鐘的話，您就會少活九年。」

他以為自己的聰明會獲得在場所有人的誇讚，沒想到的是，車內瞬間變得安靜下來。然後，外祖母便開始低聲哭泣，外祖父則沉默不說話。過了一會兒，外祖父停下車，然後鄭重地對貝佐斯說：「有一天你會明白，善良比聰明更難。」

很多時候，我們知道某些事情的答案，但是不能直截了當地說出答案，這不僅關乎善良，還關乎我們的態度。如果所有的事情，我們都斤斤計較，那麼我們生活得會很累，同樣，如果我們不懂得裝糊塗，那麼我們很可能會影響別人的生活。

智慧跟智商無關，有的人說自己智商高，但是並不一定是一個有智慧的人。而大智若愚的人則是有智慧的人。智慧無法通過理論習得，所以，我們會發現，一個「裝傻」的人，能夠找到化解危機的方法，這一點也不例外。

人生可能遍佈坎坷，但決定我們是否快樂的，永遠是我們的內心。所謂難得聰明，更可謂難得糊塗，這種思維能讓我們在遇到生存危機的時候獲得生存的機會，讓我們身處尷尬境地時，擺脫尷尬的遭遇。

總之，「裝傻」對於我們個人來講，是能夠幫我們維護自身利益的，這也是這種底層邏輯能夠被部分人認同的原因。當然，「傻」一點並非一無是處，這便是大智若愚的智慧。

46 「分久必合，合久必分」的內在邏輯

「天下分久必合，合久必分」，這句話你是否會覺得很熟悉？它出自中國古代四大名著之一《三國演義》裡的卷首語。

原話是「話說天下大勢，分久必合，合久必分」，它指的是在天地宇宙之間，會存在一個固有的規律，即新事物會不斷地替換掉舊事物。當新事物的發展符合社會的發展，符合人們要求的時候，就會出現所謂的「合」的局勢。當相對新事物不再適合社會的發展，就會有更新的事物出現，這樣新事物會來替換已經是舊事物的「新事物」，在兩者發生衝突的過程中，就會出現局勢的變動，即為「天下分久必合，合久必分」的現象。比如：從夏朝在黃河流域進行統一開始，相繼出現了商、周，周朝後期社會動盪，出現了諸侯分裂的情況，而春秋戰國時期，我們看到「分」的局勢。「分」的局面也不會永遠保持下去，隨著生產力發展和人民要求安定生活的願望越來越強烈，勢必會出現統一的局面，這就是秦國建立了短暫的「合」，不久，由於秦始皇的暴政，又促使人民出現反抗意識，農民戰爭爆發，出現了好幾股尋求「合」的勢力，最後劉邦統一天下，建立漢朝。

歷史上分分合合的現象很多，也很明顯，分分合合從任何一個角度來看，都是有其發展趨勢的，而根本的原因是生產力發展和人類社會發展的固有規律，這也是這種現象發生的內在邏輯之一。如果我們撇開這些方面不去思考，那麼，哪個人願意忍受不安定的生存環境呢？

我們都嚮往美好的、積極的東西，對於那些不夠積極、不夠美好的東西，我們不想去接觸，更害怕陷入其中。人們都希望獲得幸福和安定，而這些正是人們從一次次「分」，到追求一次次「合」的動機。

對我們來講，在安定的環境中，我們才會感受到幸福，而不安定的環境，給我們帶來的只有恐慌和焦慮。

或許你會問，為什麼合久必分，分久必合？從邏輯學來講，這完全符合事物發展的邏輯性。合，本身是一個美好的狀態，從思維層面上來講，我們對美好事物的嚮往促使我們對事物的認知會發生改變，而這種改變會促使「分久必合，合久必分」的思維的產生。

小張、小王、小李三個人是好朋友，於是，三個人計畫合夥成立一家公司。

說做就做，三個人很快註冊了一家公司，在公司裡，小張擅長言辭，因此，主要負責業務擴展與客服；小王不善言辭，他負責技術開發；小李擅長管理，他負責公司日常管理事務和一些雜事。就這樣三個人經過一年的艱苦努力，公司終於走上了正軌。其間，三個人經歷了很多困難，比如客戶的流失、公司手續的不健全等等。

在困難面前，三個人都能積極地面對，一起努力，終於，公司開始了百萬盈利。按理說這樣公司發展已經很好了，但是，三個人卻發生了爭執。小張認為自己對於公司

的發展有很大的功勞，而小王則認為如果沒有了自己的技術支援，他們兩個人的工作都白搭，而小李則認為，正是自己的管理才讓公司得以運營和發展。

三個人的心態發生了變化，導致三個人開始有了私心，不再為公司整體發展考慮。最終，三個人決定「分家」，他們正在商量如何分公司的「財產」時，發生了一件很重大的事情：重要客戶被競爭對手挖走了。也就是說公司的業務受到了很大的損失，公司很可能面臨虧損。面對突如其來的情況，三個人別無選擇，他們只能聯合起來，像曾經創業那樣，想盡辦法。終於，在三個人的共同努力下，公司化險為夷。

事後，三個人意識到，這個公司離不開他們三個人中的任何一個人，無論是誰，他們都是公司舉足輕重的存在。就這樣，三個人放下了心中的私欲，他們又聯起手來，盡心竭力地經營起公司。

在任何事物的發展過程中，我們都會遇到各種問題，而真正促使我們去面對問題的關鍵是我們的思維。在我們與他人發生分歧的時候，我們要做的不僅僅是聆聽別人的話語，更重要的是瞭解別人的思維過程，在我們瞭解了對方的思路之後，我們會發現無論什麼事情都是有解決之道的。

任何事物的發展都是有規律的，我們要遵從客觀規律，不要違背社會發展規律。分久必合，合久必分，這正是事物發展的規律。其內在邏輯如下：

1.人與人交往會存在矛盾

　　我們與他人交往一定會發生爭執，這種爭執或大或小。正是因為矛盾的存在，我們才說人與人的關係「忽冷忽熱」。當雙方發生分歧時，自然關係會變「冷」，而當雙方觀點一致或者價值觀一致時，自然呈現出的關係是「熱」的。

2.任何事物存在都是有理由的

　　充足理由律告訴我們，任何事物的發生都是有理由的。有些人說自己不相信有些事情是無法改變的。的確，有些事物的發生是可以避免的，而有些事情的發生是無法避免的，但無論是可避免的事情，還是不可避免的事情，其發生都有理由。因此，在我們遇到無法避免的事情時，我們能做的只有順應事物的發展規律。比如，當一個國家發生動盪的時候，人民只能保護好自己，只能用盡力氣避免受到傷害。

　　我們身處社會，而我們的思想形成受到社會的影響，而思維的變化也會受到事物發展規律的影響。因此，我們可以要求別人完全按照自己的意願去做事情，但是卻不能要求別人按照自己的思想去做事情。

47
轉換邏輯：說對自己有利的話

轉換邏輯是一種多視角思維方式，是要求我們能夠從多個角度來觀察同一現象，用聯繫發展的眼光看問題，這樣我們才會得到更加全面的認識，從多個層次、多個方面思考同一問題，會得到更加完滿的解決方案。當我們在與人交談的過程中，轉換邏輯能夠讓我們的思維更活躍，從而說出對自己有利的話。

莎士比亞說過這樣的話：「你的舌頭就像是一匹快馬，它奔得太快，會把力氣都用完的。」的確，在現實生活中，我們會聽到有的人喋喋不休地說個沒完沒了，無論是與人交談還是聽別人說，他們總是會讓自己成為交談的中心。於是，為了達到這個目的，他們會不停地說，甚至說個沒完沒了。然而，我們明白「言多必失」的道理，說得多了，可能會出現失誤，這是在所難免的。那麼，在交談中，我們要如何做到說對自己有利的話呢？

話語，是十分靈活的存在，而決定其靈活性的關鍵就是思維的轉換能力。在現實生活中，我們需要表明自己的態度，更需要按照自己的想法來表達，只有轉換思維足夠及時，才能讓我們怎麼想的就可以怎麼表達出來。

有一個人要舉辦一次生日宴會，於是他邀請了所有的朋友。眼看宴會就要開始了，這個時候到場的人很少。他有些著急，便對身邊的好友小趙說道：「怎麼該來的還不來？」

小趙聽了他的話，心想，難道自己不該來？於是，小趙找了個理由離開了。看到小趙離開，他更加著急，說道：「我不是說你不該來。」

　　在他右邊的小孫聽到了，心想，他是不是在說我不該來？於是，小孫也起身離開了。眼看在場的人越來越少，他坐在了朋友小孟的身邊，嘟囔著：「怎麼不該走的都走了？」

　　小孟聽了，不悅地摔門而出。

　　他本是想要開一個生日宴，順便能夠與朋友小聚，沒想到卻惹得朋友不高興地走了。內心十分著急，喊了一句：「我不是說你們該走，我是說好朋友怎麼都沒來？」

　　因為他的聲音很大，導致在場的所有人都聽到了，在場的人都在想，難道我們不是他的好朋友，他想要邀請的是其他人而不是自己？隨後，在場的人都走了，他的生日宴會徹底泡湯了。

　　其實，這個人只是想要表達，為什麼自己邀請的朋友還沒有到齊。可是，因為他不善於表達，導致其他人產生了誤解。

　　在生活中，一個不善於表達的人往往會「得罪人」。原本自己是好意，卻因為自己不善言辭，導致自己的話語充滿攻擊性，最終不但惹得別人不高興，也給自己帶來了很多不必要的麻煩。而有些話其實換一種說法，表達效果是不一樣的，得到的結果也不一樣，這種換一種說法的原動力其實就是轉換邏輯。比如，「你不比他差」與「你比他好很多」給人的感覺是不一樣的，其說話的本質是一樣的，要表達的意思也是一樣的。因

此，在與他人進行交流的過程中，不僅要思考自己說的話是不是別人能接受的，更要運用轉換邏輯，讓自己的表達方式對自己產生有利的一面。

人的語言表達歸根結柢是思維的問題，也就是說我們的思維方式會通過語言表達呈現。我們說的會被別人認為是我們想的，也就是「怎麼想就怎麼說」的結果。因此，我們要用轉換邏輯來支配自己的語言，同時，語言的表達也要講究技巧。

1.因時而異的思維轉換

在不同的時候，我們對一件事情的表達是存在差異的。受到時間的影響，我們的表達也會發生改變。比如，在歷史上，人們用古語與人交流，而如今，我們會用白話文進行交流。我們身處的時代不同，交流方法也不同。這就需要我們根據時間的發展變化，掌握當下的語言表達技巧。

2.因情況不同的思維轉換

情況不同，語言表達也不同；我們身處的環境不同，表達的方式也不同；情況不同，表達話語的思考模式也不同。

美國校園發生了槍擊案件，當時任總統的歐巴馬悲傷地說道：「再也不能讓『美國槍支』這個毒瘤危害無辜的孩子們了，二十條鮮活的生命，一轉眼就這樣消失了，一定要懲罰兇手。現在，真的是該『取消』美國私人可以擁有槍支的時候了，它的可怕要比財政懸崖危險上一千倍、一萬倍。」

他的話激起了美國「擁槍協會」和「反擁槍組織」的爭論，歐巴馬不得不站出來調解紛爭。他卻說：「是我們美國人民，該坐下來好好思考如何才能保管好自己的槍支，拿出一個最穩妥、最有效的方案。要想杜絕槍擊案的發生，不僅從形式上，更要從思想根源上，開展全面性的『槍枝管制命令』，建立起保護孩子們的一道防火牆。」歐巴馬的這次發言，獲得了美國民眾的大力支持。

開始，歐巴馬說要「取消」美國槍支私有化，是為了安撫民眾所產生的恐懼心理，當兩個組織因為這件事情發生了激烈的爭執之後，歐巴馬為了化解雙方的紛爭，從建立保護孩子的「防火牆」著手，正是考慮到情況的不同，所以他適時地調整了自己的說話方式，從而化解了社會上的危機和爭議。

3.因出發點不同的思維轉換

我們的思維出發點不同，所表達的方式也不同，我們能夠及時對思維進行轉換便更加重要。比如，我們單純地站在自己的角度去說話，自己愛說什麼就說什麼，這樣的話語勢必會傷害別人的情感。而如果我們單純地站在別人的角度去說話，那麼，我們會委屈自己，犧牲自己的利益。因此，我們站的出發點不同，表達的方式也會有所差異。

一個小販在市場賣鞋，一位女士走過來，詢問道：「鞋子一雙多少錢？」

小商販說道：「一雙50元。」

女士說道：「真貴。」

小販說道：「這鞋至少可以穿三年都不會壞，一年平均十幾塊錢，您看起來收入也不錯，搞不好一天的飯錢都不只十幾塊錢。」

女士聽了說道：「但是別人一樣的鞋才賣40元。」

小商販說道：「先不說品質是不是一樣，我是從廠商直接批貨的，價格已經是最低的了，如果同樣的鞋別人賣得更便宜，只能證明他們的是假貨。」

女士聽了，試了試鞋子，買了一雙走了。

小商販在聽到女人第一次抱怨貴的時候，他從女士的角度出發，讓她意識到這個價錢很便宜。而第二次女士抱怨他賣的鞋比別人賣得貴的時候，他從自己的角度出發，讓女士意識到他賣的這個品質的鞋是最便宜的。可見，出發點不同，表達方式不同。無論哪種表達方式，小商販都說出的話都是對鞋的銷售有幫助的。

我們可能會說「我不知道怎樣說話對自己有好處」。其實，我們之所以不知道怎麼說話有利於自己，主要是因為我們的語言思維不夠靈活，我們沒有意識到哪些話對自己有害，哪些話會傷害別人。一個高情商的人，他們懂得說什麼話，既能讓別人聽得高興，又能讓自己獲得利益。

在生活中，每個人都希望被別人喜歡，受到別人的歡迎，而要做到這一點，很大程度上是需要善於語言交際的。不僅要說出別人喜歡聽的話，更要保證自己的利益不受到損害。一個善於邏輯思考的人，總是能夠找到好的表達方式。

48
人多不一定力量大

在生活中，人們常說「人多力量大」，到底是不是人多了，力量就一定大呢？或許你會認為，這個問題根本沒有討論的意義和價值，因為一個人舉不起50公斤的重物，但是三個人一定能舉起來。這不就是人多力量大的道理嗎？

我們不否認，在有些情況下，多人的力量會超過個人，團隊的力量會超過一個人的力量。但這並不意味著人多力量大是一個絕對的真命題。在邏輯思考中，沒有太過絕對的事情。要知道，在生活中，人的力量來自多個方面，也會受到很多因素的影響，反而不容易掌控，而個體的力量僅僅受到個體因素的影響，反而容易集中力量。那麼，人多一定力量大究竟在什麼情況下是錯誤的？

1.忽略了群體的情感邏輯

我們小的時候可能就聽過《三個和尚沒水喝》的故事：

山上一間寺廟中，有個和尚每天自己挑水喝，寺廟裡的水缸天天是滿的。某日寺廟裡又來了一個和尚，兩個和尚都要喝水、用水，於是他們兩個人合作一起去擔水，水缸雖然不是天天滿著，但裡面多多少少也會有水。後來，寺廟裡又來了第三個和尚，三個和尚都需要喝水、用水，但是因為懶惰和自私，三個人都不肯去打水。最終，寺廟的水缸裡沒有一滴水，連寺廟裡的花草都枯萎了。

如果從寺廟中水缸的水量來看，三個人的力量還不如一個人的力量強大。可見，人多力量大並不能代表所有事情，我們不應該單純地用這樣一種思維方式來認定事物和判斷事物，要懂得分析事物。

從心理學角度來進行分析，我們人類是情感的動物，一旦形成了群體，群體成員會跟隨群體的思想去做事情，這個過程中，會磨滅個人的思想和意志，從而形成集體心理。而這種集體心理所形成的思維方式可能對我們的行為產生積極的影響，也可能對我們的思維產生消極的影響。比如，我們獨自走在商場裡，因為肚子餓了，我們決定去買點吃的，這個時候即使商場中有很多人，我們還是會挑選自己喜歡吃的去買，不會受到別人思想的影響。而一旦我們進入到演唱會中，我們就會與在場的人形成一個群體，別人在瘋狂地跳動時，我們也會跟著節拍跳動。當我們身處群體，我們受到群體情感的影響，那麼我們本身就很容易形成反作用，而這種反作用正是導致我們產生負面情緒的原因。

如果這樣說，你會覺得很迷茫，那麼，我們不妨還以《三個和尚沒水喝》為例子，在生活中，三個人懶惰自私的思想自然而然地成為群體情感。此時，要擺脫這種負面的群體情感，三個和尚要怎麼做呢？首先這三個小和尚身體會發出「渴」的信號，這種生理需求是他們決定打破懶惰自私的一個重要因素。緊接著，他們通過邏輯分析，發現三個人一起合作打水，不僅能解決饑渴的問題，還能用水澆花澆草。因此，當我們打破負面群體情感後，多人的力量才能得到疊加。

2.忽略了結果思維導向作用

　　你可能會有這樣的疑問，如果人多力量不一定大，那麼為什麼人們會說「三個臭皮匠勝過一個諸葛亮」？這種理論得到了很多人的認同，然而我們如果能夠真正透過邏輯去思考的話，會發現，三個臭皮匠真的不見得有一個諸葛亮厲害。要知道，臭皮匠的人數多了，力氣會超過諸葛亮，但是三個人的智商加起來是比不過一個諸葛亮的，就如同一個傻子是無論如何也比不過一個天才的。那麼，我們不妨去思考，三個傻子疊加在一起，他們就能夠抵得過一個天才了嗎？顯然，這是不成立的。相反，一個高智商的人進入了一個智力平庸的群體，那麼他的智商不但不會得到提升，反而會受到限制，呈現出下降的狀態。由此可見，人多不一定力量大。

　　有人將「人多一定力量大」的這種邏輯思維稱之為「強盜邏輯」，因為從人的慣性思維來講，認為人的數量多了，力量就會發生疊加，從而斷定了「人多力量大」是可靠的。然而很多事情，是因為人多才造成了嚴重的負面效果。比如，當今社會中網路文化盛行，網路暴力也成為網路時代的新名詞。網路暴力傷害性很大，但是缺乏事實依據。一個人發了一段影片，影片上一個老人在抱怨年輕人不給他讓座，而看到這條影片的人，便開始攻擊那個「不懂敬老尊賢」的年輕人。這些評論很難聽，那位年輕人看到了這部影片，自然也看到了成千上萬的評論，他很氣憤，因為事實並非如此。事情的全貌是這位年輕人是殘障人士，他的雙腿嚴重失能，而老人只是頭髮花白，真正年齡不超過六十歲。觀眾通過這部影片看不出年輕人殘廢的雙腿，也看不出老人的年齡，導致人們的思想形成了錯誤的認知，眾人的「罵聲」將這位年輕人推到了風口浪尖。

在生活中，並非所有的事情都需要眾人合力，也並不是合力的效果比一個人的效果要好。如果在一個團隊的目標出現了歧異，那麼整個團隊的工作效率也會受到影響，甚至還不如一個人的辦事效率高。

在遇到同類事情時，我們需要進行思維分析，應該關注的是事物本身，而不是單純地去思考常識。人多不一定會力量大，同樣，力量大也不一定需要很多人去努力。

要想實現「眾人拾柴火焰高」，就需要保證眾人在一起的目的一致，就是讓「火焰」變得更高。對於善於邏輯分析的人來講，他們做事情不會單純地依靠數量，而是會依靠品質，高品質要比數量更有價值和意義。

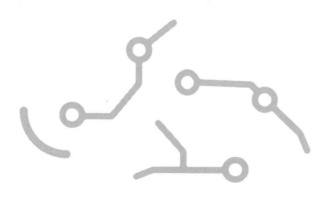

49
應變邏輯強的人善交際

應變邏輯其實就是我們應對外界變化而產生的思考邏輯，這種邏輯要求我們的思維具有靈活性和變化性。

語言是思維的工具，所以通過語言來鑒識別人，是非常關鍵的。通常來講，人的思想及情感會通過語言進行外在的表達。一個人的品格是粗魯還是優雅、是低俗還是高尚，會通過他的措辭進行淋漓盡致的展現。在生活中，多數人的談吐是漫無邊際的，說話也很不得體，不管其他人是否願意聽，他都會一味地進行空談，最後必然是言多必失。試看我們生活中，那些善於言談的人，他們將生活變得快樂而溫馨，無論在何時何地，他們都能正確對待身邊的一切。在這些人的業餘時間裡，他們與朋友相處得也十分融洽，即使是自己遇到了困難，也總是會用巧妙的方式贏得別人的說明。即使是在一些重要的社交場合，他們往往能說得十分得體、深受歡迎。因此，善於運用自己的好口才處理事情的人，在生活、工作中都有很大的成功。

林肯在當美國總統期間，到全國各地進行演講，一位先生遞給他一張字條，林肯不假思索地拆開字條，字條上寫了一個詞——「傻瓜」。林肯看了之後，並沒有生氣，而是鎮靜地說：「我收到過許多的匿名信，全都只寫了正文，不寫自己的名字。而今天正好相反，剛才那位先生只署了自己的名字，卻忘了給我寫信。」

應變邏輯思考究竟和什麼有關呢？經過研究發現，與一個人的心態、經驗、學識都有關聯。當然，這種能力也考察了一個人在一定程度上的聯想能力和一種思維的變通性。應變即變通，意味著能夠打破大腦中的講話格局，思考問題的方向變得更加新穎。那麼，我們要怎樣學會隨機應變的能力呢？

1.多講話往往能夠帶動大腦進行思考

應變邏輯一個很好的特徵，是體現在口才上，因此，我們要學會找時機鍛煉自己的口才。比如我們可以在人多的場合發表自己的言論，在開始的時候，我們可以少說一點、說得簡短一點，逐漸地，我們要可以駕馭整個談話的氛圍，從而表露更多自己的觀點，講話可以帶動我們的大腦，讓大腦高速運轉起來，但是不要過於嘮叨，更不要喋喋不休說個沒完沒了。

2.保持自己的社會聯繫性

人是社會中的動物，這就意味著我們必須通過社會性的交往和關係來保持自己的社會性。如果一個人自始至終不與任何人進行交談和來往，不和其他人建立社會性的關係，那麼，這個人的思維勢必會變得閉塞。因此，我們要經常跟朋友一起聚一聚、聊聊天、談談心，多參加一些戶外運動，與更多人建立社會聯繫，這有助於促進你的思維的流暢性。

3.做一些能夠提高快速聯想能力的練習

練習思維的流暢性。比如我們拿出一張紙，在心中選定一個事物或現象，在一分鐘之內，圍繞這個事物或現象，想到什

麼就在紙上寫出什麼，並且我們要試著每天寫出的聯想事物比前一天多，這樣有助於鍛煉我們的聯想能力，也能夠鍛煉我們的發散性思維。

建立隨機應變的思維並不是一件難事，這更需要我們在說話的時候學會隨機應變，只有這樣，我們才能真正地成為社交達人。那麼，如何運用應變思維與人交談呢？

第一步，懂得給別人留面子。

在生活中，誰也不會喜歡一個說話處處都想占上風的人，有時候逞一時口舌之快，反而會讓別人認為自己的EQ低。每個人都希望自己得到別人的認同，也希望別人尊重自己，因此，在人際交往過程中，我們需要尊重別人，尊重別人最直接的表現就是給對方留面子。千萬不要在人前傷害他人的自尊心，更不要讓別人下不了「臺階」。

> 在一次公司全體會議上，小張要做工作報告，因為緊張，小張將主管的姓氏念錯了。頓時，台下一片譁然。會後，小張向主管道歉，主管說：「不要緊，我也經常說錯自己的姓名。」
>
> 顯然，這位主管給小張留了面子。

第二步，學會自嘲的交流方式

我們不喜歡別人嘲笑自己，但是從思維角度來講，一個懂得自嘲的人，是幽默的，他的思考也是活躍的。而從另一方面

來講，一個善於自嘲的人懂得這樣的大眾思維，即「沒人喜歡別人比自己優秀」。自嘲，就是滿足了他人的這種思維方式和要求，從而獲得他人的好感。

有位太太家裡水管爆裂，水噴得到處都是，於是她撥打了水電工的電話，但是等了大半天時間，水電工才到，這個時候水已經流滿了院子。水電工懶洋洋地問女主人：「太太，現在是什麼情況？」女主人看著水電工回答道：「還好，在等你時，我的孩子已經學會游泳了。」

這位女士顯然是用自嘲的方式來表明自己對修理工的不滿，這樣說既能讓修理工不感到尷尬，也能讓其明白他的確來得很慢。

第三步，良好的談吐方式

良好的談吐能夠吸引別人的注意，更能給他人留下良好的印象。比如在與他人交談的時候，我們一定要看著對方的眼睛說話，別人講話的時候，我們要儘量不去打斷對方說話等，良好的談吐能夠讓我們的交談更加順暢。

在生活中，我們的思維直接關係到我們的處事方法，對我們的語言表達也會產生影響。因此，我們不僅要學會靈巧的思維，更要讓我們的思維指揮我們的語言，在遇到不同情況的時候，能夠隨機應變地與人交流，更能找到合適的方法來與人交談，從而維護好我們與他人的關係。

一個善於與人溝通的人，往往有著靈活的頭腦，在他的大腦中有各種思想，而不同的思想所帶來的是不同的做事方法和交談方式。思維敏捷的人善於轉換思路，尤其是在交際中遇到尷尬境地的時候，他們總是能找到化解尷尬的方法，而這多半與他們的交談方式是分不開的。因此，我們要做一個高情商的人，就要有意識地訓練自己的思維，具備應對外界事物變化的能力，這種能力對我們的社交是十分有幫助的。沒有人希望與不懂交談的人進行溝通，更不想進行無效的溝通，而要進行有效溝通就需要具備交際思維。

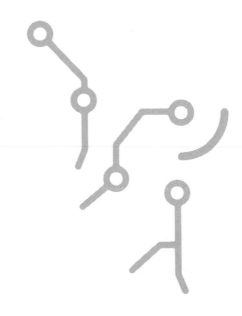

50

以屈求伸，好漢要吃眼前虧

我們在生活中經常聽人們說一句話：「好漢不吃眼前虧。」說的是聰明的人「識時務」，只有暫時躲開不利的處境，才能免得吃虧受辱。在生活中，我們經常會說做一個識時務的人，也就是一個善於隨機應變的人，以退為進，以屈求伸。

唐人杜牧寫過這樣的詩評：「勝敗兵家事不期，包羞忍恥是男兒。」當然，「我們很清楚小不忍則亂大謀」的道理，也明白，在社會中生存，必然需要忍受一些東西，也要忍讓一些人或事。在歷史上也經常有「大人物」忍辱負重的例子。比如，勾踐臥薪嚐膽的故事；項羽忍恥的故事。可見，在逆境中，一個人是否能擔當委屈，收斂自己的鋒芒，有時候決定他能否實現大志，能否有所成就。而站在邏輯思考的角度去講，任何事情的發生都是有因才有果的，也就是說我們要遵循因果邏輯。一個人的思維影響著他做事情的方式和承受能力，當這個人承受了巨大壓力的時候，他要面對的不僅是壓力本身，更多的是要面對自己。而**一個「不吃眼前虧」的人懂得以退為進，逆向思考。**

折而不爭是一種傲骨，也是一種睿智。我們所處的社會並不是童話世界，社會中有太多的壓力、醜陋，我們的一生勢必會遇到這些醜陋，而面對這些壓力、醜陋的時候，我們不能與它「強碰」，要學會繞道而行，以退為進，這並不代表我們懦弱，這只能代表我們的睿智與堅忍。

韓信在很小的時候就失去了親生父母，他主要依靠釣魚換錢維持生計，要知道魚並不是每天都能釣到的，也正因為這樣，他經常挨餓。每次在河邊釣魚的時候，一位靠漂洗絲綿的老婦人經常周濟他，而韓信在生活中，也屢屢遭到周圍人的歧視和冷遇。

　　一次，一群當地的惡霸當眾羞辱韓信。不僅如此，就連屠夫都欺負韓信，對韓信說：「別看你長得又高又大，還整天帶著刀劍，但是你膽子很小。你要是有本事的話就拿刀劍刺我，如果沒膽量的話，就從我的褲襠下面鑽過去。」韓信自知形單影隻，他不想招惹麻煩，更重要的是，他覺得自己沒有必要和這種人生氣，所謂大丈夫能屈能伸，不能為了一時之快而不顧長遠之計。於是，在眾目睽睽之下，他從那個屠夫的褲襠下鑽了過去，而那個屠夫則高興得放聲大笑，這就是韓信所受的「胯下之辱」。

　　可想而知，如果韓信當時「不服氣」，與屠夫發生爭執，暫且不說誰輸誰贏，但肯定會影響韓信之後的發展之路。因此，我們在生活中，遇到任何問題，也要學會「小忍」，這樣才不會「亂了大謀」。

　　一個懂得堅忍的人，思維往往是縝密的，因為他們知道自己的目標是什麼，如何做才能實現自己的目標，正是擁有目標導向，才會讓他們不去計較眼前得失。以退為進是人生的一大智慧，而並非代表一個人的懦弱。「退」是在該「暫退」的時候「退」，看似是「退」，實則是在「進」。

小王在一家工廠裡做工，在現場小趙是組長，所有人都要聽從小趙的工作安排。這天，小王在工作，小趙要求小王下班之後打掃完工作間再走，因為小王為人實在，小趙總是會將骯髒、疲勞的工作安排給小王。

　　小王覺得自己多作點事也沒什麼，他不想惹小趙，下班之後便打掃完再回家。第二天，工作間主任當眾誇讚小趙吃苦耐勞，原來小趙在主任面前說工作間是自己下班後加班打掃的。小王心裡明白，小趙是在「搶功」。如果是其他人，可能會直接找小趙理論，但是小王沒有，他覺得只要自己勤勤懇懇地勞動，肯定會得到主管的認同。

　　這天，小趙又安排小王下班後打掃環境，而他卻回家睡大覺。小王打掃衛生的這一幕恰巧被工作間主任看到。

　　第二天，小趙再次去主任面前邀功，而主任生氣地揭穿了小趙的謊言。主任意識到小趙投機取巧的行為，過沒多久便將小趙降級為普通員工，而將小王升為組長。

　　在社會生活中，我們會遇到形形色色的人，有些人會做出對我們不利的行為，在這個時候，我們要保持冷靜，不要衝動做事。當我們無法「隱忍」的時候，一定要想想我們的目標是什麼、我們的目的是什麼，讓我們的邏輯思考支配我們的行為，而不是讓感性支配我們的決定。

　　以屈為伸、欲進先退的思維能夠幫助我們化解暫時的矛盾，而這種矛盾的化解方式是建立在降低自我傷害的基礎上的，也就是說，我們「不吃眼前虧」的方式看似是對我們不利的，而站在長遠發展角度看，這對我們的長遠發展是有幫助的。一個

目光短淺的人，只能看到當下，自然不會忍受「吃虧」；而一個眼光長遠的人，他們具有發展思維，因此，他們不會對眼前的小事情斤斤計較，也不會因為「小節」而損害長遠的發展。

我們是社會中的一分子，社會是複雜的，這就要求我們要善於運用邏輯思考對當下局勢進行科學分析。當我們發現當下的環境不利於我們成長時，我們可以暫且隱忍，等到我們具有強大的力量，能夠改變局勢的時候，我們才進行「反擊」。這種以退為進的邏輯思考方式，對我們長遠目標的實現十分有利。

一個聰明的人，他不僅能看到當下的關係利弊，更能看到長遠發展的利弊關係。他不會將自己的眼光和得失定位在當下，而是會將利益得失定位在將來。

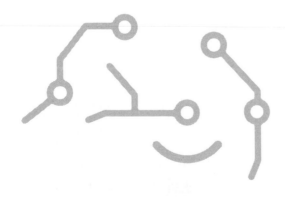

51

信任邏輯：疑人不用，用人不疑

「疑人不用，用人不疑」，是一句古話，也是我們經常說的一句口頭禪。看似簡單，實則含義十分深刻，這句話最直接的邏輯支撐則是信任，只有在信任的邏輯之下，這句話才成立。

在三國時，劉備以「弘毅寬厚，知人善任」而聞名，只要是劉備起用的人，他從來不對其懷疑，不管是對諸葛亮，還是對關羽、張飛。因此，劉備的家業可謂親情凝聚的典範。

關羽可以為了劉備放棄功名利祿，過五關、斬六將，歷盡千辛萬苦回到劉備麾下；張飛可以憑藉自己的能力打下小天地，等劉備來當主人；趙雲可以冒死營救劉備的兒子；諸葛亮更是獻計獻策，為劉氏家族「鞠躬盡瘁，死而後已」。那麼，為什麼如此多的仁人志士都甘願追隨劉備？即基於相互信任。

「疑人不用，用人不疑」，這裡的「疑」指的是不相信，有疑心。也就是說，不去重用靠不住、沒把握、不信任的人；對那些信任的、有把握的、靠得住的人，一旦選擇重用，就不要去懷疑他們。用人要放心，不放心的人不用。當我們在與他人接觸之後，對他人產生了信任感，思維中會形成一種邏輯，即信任他人的思維。受到這種思維的影響，我們才願意去無條件地信任他人，認同別人做的事情。

現實生活是一支萬花筒，可謂千姿百態，遇到值得信任的人十分不易，要用信任邏輯去選擇用人，絕非一件容易的事情。因此，當我們一旦選擇相信一個人，就不要去懷疑他，如果我們對這個人不夠放心，就不要去重用他。

一般來講，對於企業也好，對於個人也好，我們要做到「疑

人不用，用人不疑」並不是容易的事情。這要根據我們的日常需要、帶著問題去用人。我們要明白用人的邏輯是什麼。

我們在決定用某個人的時候，要做的就是先去瞭解這個人的能力和人品，可以適當地做一些調查研究，通過鑑別得出結果。通過多方面觀察之後，才能確定如何去用這個人。從另一個角度講，人才是來之不易的，可謂千軍易得，一將難求。一旦發現某個人可用，我們可以因人成事，做到因人而異。這就是所謂的個性化處理的思維，**將合適的人放在合適的位置，他才能取得大的成績，而將不合適的人放在不合適的位置，他將一事無成。**

有的人可能會想，看一個人也未必能看清楚他的真面目。的確，這就需要我們用大局觀去思考這個人值不值得去重用。要做到「疑人不用，用人不疑」的前提是「德」和「才」。從某些意義上來講，德比才要重要。「君子喻以義，小人喻以利」「君子坦蕩蕩，小人長戚戚」，這是君子和小人的區別所在。我們在考量一個人的時候，不僅要考量他的才，更重要的是考量這個人是否有「德」。

我們在與人相處的過程中，要學會全面思維，即通過觀察，了解對方是否有才有德，也要善於運用邏輯思考進行分析，分析此人所表現的是否是真實的，避免出現邏輯謬誤。

有位企業家說過這樣的話：「信任是我用人的第一標準。」這句話是很有見地的。用人要建立在信任的基礎上，如果做不到信任，那就沒有必要去重用他人。當然，做到「疑人不用，用人不疑」，是相對的、靈活的，不是絕對的、死板的，否則就會犯思維錯誤。

第一，不用絕對化的思維看待自己。人有多種面向，內心世界也是相對複雜的，我們很難用立體的、透視、多方位的思維去進行分析思考。通常情況下，我們看到的只是事物的一個方面。比如我們對「可疑」的人到底瞭解多少，我們的判斷是否正確，大部分來說我們是沒有把握的。一次、兩次打交道根本說明不了什麼問題，或者說短時間內是說明不了什麼問題的。沒有把握的事情，我們就不要輕易地下結論。

第二，對周圍人的判斷要兼容並蓄。人們常說，大多數人的眼睛是雪亮的。在用人的時候，我們要多聽聽周圍人的意見。當大多數人對一個人的判斷和自己的判斷有出入時，就要多問問「為什麼」，不要固執己見，這個時候不妨多觀察和考驗，然後再下結論。借助他人的思維去全面認知一個人，這是十分重要的。

第三，對人的看法不能一成不變。事物是發展的，人也是在不斷變化的，要用發展的邏輯去看待他人。隨著人的閱歷增加，人會發生改變。我們要用發展的思維對待一個人，而不是定位在以前，認為這個人「以前很誠信」「以前很優秀」，而是要用變化的思維來看一個人，定位當下與未來。

第四，對人才不能求全或責備，所謂的得饒人時且饒人。人都有缺憾和不足的地方，所謂人無完人，不要用完美邏輯去對待所有人或所有的事情。我們要多看別人的優點，對於別人的缺點要用辯證思維去對待，如果這個人的缺點對我們的目標不會造成負面影響，那麼我們沒有必要去抓住對方的缺點不放手。而一個人即使有再多的優點，但是他的缺點會直接影響到我們的目標實現，那麼我們也要慎重對待。

三國時期，北方袁紹兵多將廣，統管地區地域十分遼闊，原本他可以建功立業的。但是就因為他不信任自己的部下，致使手下的大將張郃、高覽等紛紛投降曹操。最後，佔優勢的袁紹被曹操所滅。

　　我們生活在社會中，每天都要面對各式各樣的人和事。在面對不同的人和事時，我們第一個感覺就是對對方的「不信任」。而人與人之間，需要建立信任。只有合理運用信任邏輯，我們的思維才更趨向穩定。當然，並不是所有人都值得我們去信任，只有信任值得信任的人，我們做事情才能事半功倍。

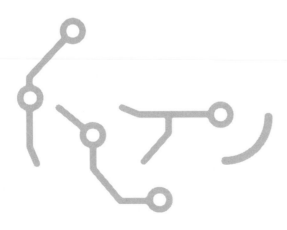

52
二律背反，別被單一思維給害了

　　二律背反是什麼？它最早是18世紀德國古典哲學家康德（Immanuel Kant）提出的哲學基本概念。如果從其定義來講，它指雙方各自依據普遍承認的原則建立起來的、公認的兩個命題之間的矛盾衝突。看似十分枯燥、晦澀的定義，其實我們在生活中經常會用到。

　　二律背反為什麼會出現？它的出現是存在一定必然性的，由於人類理性認識存在辯證性，辯證性力圖超越自己的經驗，從而去認知外界事物。在我們對外界進行探索與認識的時候，我們要盡量避免用單一的思維去認知外物。如果我們的思維過於單一，自然就會導致思維出現漏洞，思維也就不再全面。

　　單一思維是與多樣化思維相對而言的，指的是從某一方面事物的思維過程中，這種思維往往只從一個角度去思考問題，在某些問題面前，我們只能提出單一的想法和找到單一的答案，這樣就會導致我們的選擇權大大降低，因此，單一思維具有方面性、真實性和低級性的特點。

1.方面性

　　因為我們單一思維的存在，導致我們看待事物時只能看到事物的一個層面，看不到事物的其他方面。比如，一個男士十分固執地認為自己很愛某個女士，他看到的是這個女士身上所有的優點，漂亮、身材好、溫柔，等等，這位男士看不到女士的邋遢、說話沒禮貌、做事馬虎等缺點。當女士拒絕男士的表

白之後，男士痛不欲生，當朋友勸說男士不要固執的時候，說出了女士的缺點，但是男士始終認為那個女士就是完美的。可想而知，這位男士之所以固執己見就是因為他只看到了對方的優點，也就是只看到了對方的一個方面的特徵。

再比如，在生活中，有些人熱衷於某款車，也許這款車根本沒有那麼好，但是出於思維的單一性，他們會覺得這款車是世界上最好的。

2.真實性

雖然我們的思維會出現單一的現象，但是我們單一思維的本質是事物的真實性。比如，一個人看到了白色的鬱金香，他說鬱金香是白色的。自然我們都知道鬱金香有很多種顏色。在這個時候，這個人片面地認為鬱金香是白色的，但是的確有白色的鬱金香，這是事實。

3.低級性

單一思維是低級的，因為很多時候單一思維會讓我們的認知出現偏差。如果我們單一地認為人只有智商的存在，那麼就會忽略人的情商、財富素養等。如果我們單一地認為社會中只存在善良，那麼就會缺乏安全防範意識。如果我們只看到玫瑰的美麗，那麼我們很可能會被玫瑰刺傷。因此，單一思維容易導致我們犯錯，這是不爭的事實。

一個女孩去找心理醫生訴苦：「醫生，我真的很傷心，因為和我談了五年戀愛的男朋友要跟我分手。」

心理醫生問為什麼，女孩開始訴說男朋友如何如何不好，訴說男朋友是多麼地不負責任。還說了一堆男朋友的缺點。

心理醫生按捺不住問道：「既然這個男人如此不堪，那為什麼你還不願意和他分手？」

女孩說道：「我覺得愛情就是這樣，我愛上了他，就應該和他一起走下去，即使他有很多的缺點和不足，但是我覺得這都是小事情，等結婚了就好了。現在我每天很傷心，每天將自己關在房間裡，思考怎麼才能不和他分手。」

聽了女孩的回答，心理醫生說道：「你現在要考慮的不是分手的傷心，而是去自己嚮往的地方旅遊一趟。」

女孩很不解為什麼心理醫生讓自己去遊玩放鬆，但是她照做了，她來到了自己嚮往已久的海邊，住在了一個海邊民宿裡。每天來來往往的人，有情侶，有朋友，後來，她被一位男士邀請去參加民宿晚上舉辦的舞會，發現參加舞會的男男女女都很熱情、優雅，這裡的男士不像男朋友那樣沒禮貌，不像男朋友那樣粗魯、不求上進。

在這裡，她住了半個月的時間，之後，她回到了自己所在的城市，她突然意識到自己不再那麼渴望與男朋友復合，也不再那麼傷心。她又找到那位心理醫生。

「醫生，我覺得我心情好多了，這究竟是為什麼？」她好奇地說道，「但是我保證和男朋友在一起的五年，我是真心地愛他，我認為離開他我是沒辦法存活在這個世界上的。」

心理醫生聽了她的話語之後，笑著說道：「你或許很愛他，但是你是沉浸在自己的情緒之中的，你認為自己很愛他，但是你已經厭惡了他的不負責任、厭惡了他的虛偽、邋遢。你厭惡他的一切，你只是在不停地告訴自己『我愛他』。」

　　聽完心理醫生的話，女孩恍然大悟，她微笑著離開了診間。

　　當我們的思想變得單一，我們就會容易變得固執。越是固執的人，越是隱藏著自己的情感。如果一個人的知識水準、經歷有限，那麼他的想像力就會變得匱乏，從而瞭解、判斷其他事物的能力就會下降，這個時候表現出來的就是固執。

　　一個想像力匱乏的人，對待事物的認知缺乏思維的張力，所以我們要不斷地學習，不斷成長，只有這樣我們才不會讓環境帶給我們的束縛，成為我們一生的局限。那麼，我們怎麼做才能避免單一思維的存在呢？

　　首先，我們要增加自己的閱歷。一個人經歷得多了，對外界的認知也就多了，這樣在做任何事情的時候，就都會有自己的判斷和理解。當然，人生閱歷是我們最寶貴的財富。

　　其次，多學習新的思想。隨著社會的發展，世界每時每刻都在發生變化，我們要多學習新的思想，只有多瞭解新事物，才能打開我們的思維，讓我們真正意義上去瞭解這個社會。

最後，多去接觸外界的人和事。有的人本身是閉塞的，他們不願意去接觸外界的一切，不希望去接觸陌生人，這勢必會讓他們的思維變窄。因此，我們要做的就是多接觸外界的事物，多與人打交道。所謂「見多識廣」正是這個道理。

　　每個人都希望自己少走彎路，希望自己不會掉入「陰謀者」的陷阱。因此，我們就要豐富自己的思維方式，避免單一思維，只有這樣，我們才能實現自己的目標。

53 「順路省力」的思維哲學

我們常說「生活是瑣碎的」，因為生活中的事情不是大事，但是很多很雜。因此，人們處理瑣碎事情的方法也有很多。

一個人原本打算下樓取拿快遞，突然想到家裡沒有水果了，取快遞的地方經過一個水果店，可以順路買點水果，這樣一想，發現家裡沒有主食了，恰巧水果店旁邊有一家饅頭店，他可以順路買點饅頭回來。

於是，這個人開始換鞋出發，走出來看到門口的垃圾，想起來自己可以將垃圾帶下去，扔到垃圾桶。

就這樣原本是要下去取快遞，順路做了好幾件事。這樣「順路」處理一切可以辦的事情的思維就是一種哲學，人們希望花費儘量少的時間和精力處理儘量多的事情。在工作中我們經常也會看到這樣的事情，比如：一名員工打算去拜訪客戶，而其他部門的員工會讓這位員工帶一些工作資料給客戶。這種看似是在「偷懶」的工作方法，其實就是一種「順路」思維。對於個人來講，運用這種思維處理生活中的瑣事，能夠很大程度上提高效率。而對於企業或團體來講，通過這種方式，來實現資源的最大化利用，既節省了時間，又節約了人力成本。由此可見，「順路省力」思維是一種邏輯優化的現象。

在生活中，我們做事情希望能夠節省時間，同時也希望能

夠達到自己想要達到的好效果，這就需要我們合理地進行規劃，這樣就可以實現一箭雙雕的目標。

　　生活中需要我們付出智慧，一個擅長進行邏輯規劃的人，通常希望在最短的時間內去完成所有的事情，同樣，在生活中也需要進行規劃和安排，這樣才能成為一個工作高效的人。

　　鄭小亮的職業是一名計程車司機，他每天早上六點會準時在自家社區門口「待命」，因為有的人急著去上班會叫計程車，這樣自己順路可以將乘客載到一些辦公大樓附近。接下來他基本上不用換地方，就有乘客叫車，所以他的第一個乘客多半是自己住的社區的居民，這樣就能夠保證往返都不空車。

　　鄭小亮身為一名計程車司機，他之所以有這樣的工作邏輯，是從他的工作實踐中總結出來的。而這種懂得進行規劃的工作方法，勢必會讓他多一些收入，少一些開支。

　　那麼，在生活中，我們要對事情進行合理規劃，從而做到「順路省力」的思維方式，具體有哪些要求呢？

1.瞭解自己所掌握的資源

　　在生活中，每個人手中都掌握了很多的資源，只是很多時候我們意識不到而已。因此，我們要善於對自己手中掌握的資源進行分析，當我們掌握了足夠的資源之後，就能夠找到省時省力的方法，從而合理整合資源，實現高效解決問題的目標。

2.學會互換資源

很多時候，我們所擁有的資源，並不一定對我們有真正的意義，也就是說我們本身不會擁有太多的資源，而我們需要的可能是其他人手中的資源，同樣其他人對於自己擁有的資源也沒有充分的認知。這個時候，如果能夠將資源進行互換，將我們手中的資源給予別人，而將別人的資源收入自己的囊中，這樣就能達到資源整合，達到既豐富自我需求，又能夠滿足別人的目的。這樣做，也是進行邏輯分析的結果。

一家大的建設集團，旗下有很多子公司。在子公司資產管理方面，他們就運用了一種「共用」式的方式，從而達到資源的合理配置。比如，在河北的一家子公司需要一台投影儀，而北京總部正好有三台投影儀，其中一台投影儀已經擱置很久，於是，他們會以資產調撥的方式，將北京多餘的這台投影儀調撥給河北子公司使用。這樣做既減少了公司的資產投入成本，又能高效地完成資產配置。

在工作和生活中，我們可以通過巧妙的資源互換，實現「借力」的目標，從而不僅讓自己的思維變得更加活躍，而且工作和生活也會變得更加順暢。

3.不要投機取巧

「順路省力」的邏輯思考只是思維方式的一種，這並不意味著我們做事情可以投機取巧。雖然「順路」是為了省力，但

這不屬於「投機」的範疇。比如，我們可以利用肥胖人群對身材的追求，進行合格的減肥產品的生產和銷售，但這並不意味著我們可以誇大減肥產品的功效而去進行廣告宣傳。同樣，在工作中，我們可以通過巧妙的方式來完成工作任務，但這並不意味著我們可以單純地為應付主管檢查而做表面文章。

　　一個小男孩急匆匆地在大街上跑，而母親在街上和別人聊天。小男孩看到母親，喊道：「媽，家裡的豬跑出來了。」

　　只見小男孩媽媽急忙向家跑去，在跑的過程中，還不忘撿起路邊的樹枝，因為她到家裡之後要用樹枝當鞭子，將豬趕到豬圈去。而小男孩也學著媽媽的樣子，在路邊撿起一根木棍，向家跑去。

　　到了家，母子二人一起將豬趕到豬圈裡。

　　從那次之後，小男孩知道，如果豬跑出來了，需要用棍子趕豬。

　　可想而知，母親在聽到兒子的資訊之後，她腦海中的目標已經確定，即將豬趕到豬圈，避免跑丟了，而要趕豬就需要工具，路邊看到的樹枝正好就是不錯的工具，而小男孩看到了母親的行為，他通過與母親一起趕豬，認識到樹枝的重要性。這就是小男孩「順路省力」思維形成的過程。我們要學會這種思維，其實最重要的是經驗的積累，如果不懂得積累經驗和瞭解身邊的資源，那麼是無法做到「順路省力」的。當然，這種思維之所以能夠存在，很大程度上是出於人們的需求。

「順路」思維被認定為一種全面分析、著眼全局的思維方式。只有我們全面統籌，才能進行統一安排和規劃。當然，在進行統一規劃的時候，一定要先瞭解自己的工作範疇，再對各項工作和事務合理籌畫，只有這樣，才能夠做到真正意義上的「省力」。

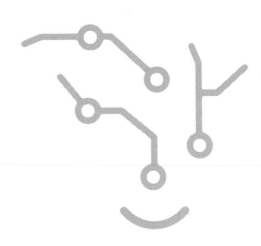

54

一次成功背後需要多次失敗

常言道：「失敗是成功之母。」這似乎已經成為老生常談的話題，但在生活中，行動和言語是有差距的，有時也並不一致。在生活中，我們看到的可能只是別人的成功與別人的榮譽，而很少能看到別人成功之後隱藏著多少的艱辛與失敗。從邏輯學來講，「失敗是成功之母」中的「失敗」和「成功」都屬於肯定概念，屬於形式邏輯的一種。

在生活中，成功不是生活的常態，失敗才是隨時伴隨我們存在的。否則，那些「發明家」「科學家」的美名豈不輕易地落到每個人的頭上去了？縱觀歷史，不難發現那些偉人之所以成功，是因為他們能夠正確地對待自己面對的挫折和失敗，在失敗面前，他們從來不退縮，而是選擇一次次地嘗試，不斷探索。一次成功的背後要經歷無數次的失敗，這就需要我們擁有敢於創新的思維和堅定的意志。

眾所周知，偉大的發明家愛迪生的成功是建立在無數次失敗的結果之上的。他一生的失敗更是不計其數。他每每從失敗中都能吸取教訓，總結出經驗，從而為成功打好基礎。失敗固然會給人帶來痛苦和傷害，但是也能讓我們有所收穫。

一位學者在接受採訪的時候，說道：「我今年已經七十多歲了，為了做學問，我每年都會遭受各種質疑，也會經歷各種失敗。但是我覺得自己是幸運的，因為我能通過失敗找到自己的成功之路。」

的確，一個人的失敗其實是為成功打基礎的，而一個人的成功正是失敗的最好總結。然而，在現實中成功並不是失敗的不斷積累。如果我們認識不到這一點，便會導致「失敗越多越成功」的荒謬結論產生。比如在我們剛開始學習古箏的時候，可謂一竅不通，每天的練習也是十分痛苦的，但只要我們始終堅持，每天將彈不好的音符進行逐個分析和理解、總結，然後反復地進行練習，我們就會發現彈古箏也並不是那麼難的事情，由此可見，「失敗是成功之母」是一條客觀規律，但失敗到成功地轉變是需要一個過程的，同樣，在這個過程中，**需要我們不斷地進行分析和思考，從中吸取教訓和經驗，指導我們今後的學習和工作，這樣才算沒有「白白」的失敗。**因此，我們在生活中，要建立持久的邏輯思考，保持理性。其實，在生活中，並不是我們不能實現成功，而是因為我們缺乏成功思維。

成功思維是理性的，而非感性的。我們看到有些人在失敗之後，一度消沉，他們只看重自己失敗的結果，根本不透過失敗去找原因，這就導致他們不會實現成功。

失敗並不可怕，可怕的是無法樹立起堅定的自信心，我們只有從失敗中看到希望，才能走出失敗，也才能從失敗後獲得成功。

在現實生活中，我們應該一直堅持「失敗是成功之母」的想法，不斷地鼓勵自己，讓自己成為一個不斷上進的人。沒有失敗就沒有總結經驗的機會，沒有失敗就沒有促使我們前進的動力。

法國小說家小仲馬在年輕的時候，將自己的文章投稿到很多出版社，最終都被退稿了，但是他不自暴自棄，也

從不抱怨，他只是從中吸取教訓，不斷地提升自己的寫作水準，最終，《茶花女》一經發表，便轟動歐洲文壇。

　　著名的導演、演員史特龍，在成名之前，有過一段灰暗的經歷。他滿懷期待地帶著自己的劇本拜訪了數百家電影公司，但是都被拒絕了。他並沒有氣餒，一次次地嘗試，最終被一家公司接收，最終電影《洛基》拍成後大獲成功。

　　肯德基創始人桑德斯發明的炸雞配方，被很多家公司拒絕，他嘗試了無數次，最終被一家食品公司認同，最後才創造了如今的肯德基。

　　這樣的案例還有很多，我們看到的可能是他們成功之後的樣子，卻很少看到他們成功之前的樣子。因為人們都希望看到成功的喜悅，不希望看到失敗的無助。

　　我們的一生中要經歷無數次的失敗和痛苦，從而才會形成我們手裡的財富。當然，成功的背後是巨大的努力。一個不懂得努力的人是無法實現成功的，同樣，一個不懂得以量變改變質變的人，也是無法實現成功的。

　　有人將失敗定位為「量變」，認為失敗多了，達到了成功，就是實現了質變，這是某一部分人的成功邏輯。在生活中，我們對待成功的認知和評判是不一樣的。比如，一個什麼樣的人才算是成功？或許你認為錢財和權力代表一個人是否成功，其實不然，成功是一種自我願望的實現，只要自己認為願望已經實現，那麼他就可以定位自己的成功。

在中國古代西晉時期，文壇中，成就最高的詩人要數左思了。他創作的《三都賦》名噪一時，流傳至今，仍被人們傳誦。

然而，左思並非從小就是「良才」，相反，他小時候智商很低，連話都說不清楚，學習成績也很一般，根本沒有任何的過人之處。隨著年齡的增加，他開始樹立自己的志向，他決定寫一篇讚頌魏、蜀、吳三國都城的文章《三都賦》。

這個消息傳出後，很多文人墨客都嘲笑他，說他嘩眾取寵。就連當時著名文學家陸機都譏諷他說：「真是不知天高地厚，等你寫成了也只配給我蓋酒罈子罷了！」

左思聽了沒有反駁，也沒有生氣，而是淡淡地一笑，然後暗下決心，一定要寫成《三都賦》，要讓這些嘲笑自己的人後悔。於是，他開始廣泛閱讀，深入調查，大量收集有關三國都城繁榮昌盛的相關資料。

準備工作就緒，他關上了房門，專心地開始構思和寫作。那段時間，他就像入魔了一樣，將家裡所有的地方都放上了紙張，無論什麼時候自己想到一句好詩，他都會記下來。就這樣，他熬過了十年的嚴冬酷暑，通過多次修改，開始專心著書，終於，他的《三都賦》問世，並被人們廣泛閱讀。過去曾譏諷、嘲弄過左思的陸機讀了《三都賦》後，既對自己曾經的行為感到愧悔，又毫不吝嗇地對《三都賦》大加讚美，佩服得五體投地。

左思在別人的冷嘲熱諷中，學會低下頭做事情，他不怕失敗，最終，實現了自己的目標，成功地贏得了別人的尊重，這是左思的成功邏輯。在現實生活中，我們也應該學習左思這種不怕失敗的邏輯思考，不怕失敗的人能具備成功邏輯，能獲得自認為的成功。

55 錢財如流水，關於財富思維

俗話說得好：「錢財如流水，流去還流回。」錢如流水，單純看字面意思，其實就能明白，有得有失，不必太過於計較。說到錢財，必然要提到財富。什麼是財富？有的人說擁有無數的金錢，便是獲得了財富。其實，不同的人對財富有不同的理解。曾經一個醫生說：「對病入膏肓的人來講，生命就是財富。對一個乞丐來講，飯菜就是財富。對一個讀書人來講，書本就是財富。」這位醫生的話其實就是他對財富的理解和思考。

要提到財富思維，必然要瞭解一種思維方式，即換算思維。換算，無非就是計算我們拿出了什麼，拿出多少來投入，從而得到更大的收穫和成果。換算思維是獲得財富的慣用思考方式，其重點在「換」，更在於「算」，算清楚了才願意去換，敢於去換，才敢於去投入，才敢去送，這就是換算思維之於財富的意義。

人的追求不同，對財富的理解也不同。當然，我們要說的是金錢，因為大部分人會將錢財當作財富。在生活中，如果一個人將錢財看得太重，就會出現怎樣的狀態呢？

在《儒林外史》中，描繪了一個膽小有錢的人，名叫嚴監生。嚴監生在臨終之際，伸著兩根指頭就是不肯斷氣，圍在他周圍的親人都上前猜測他究竟是什麼意思，但是沒有作用。最後還是妻子趙氏走上前對他說道：「爺，別人說的不是你想的，我明白你的意思。你是為那燈盞裡

點的是兩莖燈草，恐費了燈油，我去挑掉一莖就是了。」
直到趙氏挑掉一根燈草，嚴監生才咽了氣。

　　地主所看重的是錢財，他將錢財看得比生命都重要，因此，
他變得吝嗇、自私。在當今社會，很多人將錢財看得比生命還
重要，因此，他們會做出一些傷天害理的事情，甚至會做違法
的事情。這樣的人往往犯了功利謬誤，同時這樣的人眼界比較
狹窄，不懂得用長遠思維看問題。

　　我們要避免犯邏輯謬誤，就要看清楚錢財的本質，那麼，
錢財的本質到底是什麼？我們經常說，錢不是萬能的，但是離
開了錢萬萬不能。在生活中，離開了錢什麼事情也做不了，甚
至最基本的衣食住行都無法保證。尤其是在大城市，坐車、吃
飯、睡覺都需要花錢。沒有錢根本無法生活。雖然錢財對於生
活十分必要，但是也並不是萬能的。從本質來講，錢財屬於中
性的，雖然很多人為了錢財做出很多不合理的行為，但是我們
既不能說錢財醜陋，也不能說錢財是善美的。在唐朝時，有一
位名叫張說的政治家，他在自己的著作中寫道：錢財既不是好
東西，也不是不好的東西，如果人們妥善運用，就像草藥一樣
可以治病，如果用不好，它就變成毒，會傷害生命。

　　因此，錢財並不是有些人說的「非常了不起」，也不是人
們口中的「臭錢」。對於善於用邏輯思考分析的人來講，他們
不僅能正確地看待金錢，還能樹立正確的金錢觀。能夠通過辯
證思維去分析金錢的好與壞，從而明白財富的真正意義。

　　我們生活在社會中，財富對我們來講，不僅僅是金錢。我
們的朋友、工作、人脈、親情都是我們所擁有的財富，而金錢
只不過是眾多財富中的一種。

有人說自己沒有財富，只不過是這些人看不到自己擁有的一切，他們眼中、大腦中，看到的只有別人的財富，而這些財富對於別人來講，未必是財富。

　　一位商人和一位醫生在聊天，商人有萬貫家財，但因為長期酗酒身體嚴重透支。這天商人對醫生說道：「我真羨慕你，你雖然每天上班，但是你是醫生，身體很好；至少在自己身體有異樣的時候，你能給自己簡單診斷，你的醫術就是你的財富啊，而我卻沒有擁有你這樣的財富。」

　　醫生聽後，說道：「你是一個成功的商人，在這座城市裡，你的金錢足夠買下樓房，恐怕沒幾個人的財產數量能超過你，你擁有這麼多的財富，是多少人羨慕的，而我一個月收入恐怕還沒有你家保姆的收入多。」

　　這個時候，上帝聽到了商人和醫生的對話，承諾他們可以互換身份。就這樣，商人變成了醫生，醫生變成了商人。過了大概兩個月，兩個人再次找到上帝，要求上帝將自己變回來。上帝問商人為何不想當醫生，商人回答：「每天我要上至少八個小時的班，要不停地工作，有的時候中午連飯都來不及吃，到了月底，賺的錢還不夠我買一套衣服，我還是覺得當商人比較好。」聽了商人的話，醫生也說道：「當商人一點也不好，每天要陪客戶喝酒、應酬，公司也有一堆的事情要處理，雖然有錢，但是根本沒時間去逛街，兩個月我感覺我的胃都要被酒精燒壞了。」

　　最後，醫生又成了醫生，商人當回了商人。

通過商人與醫生的故事，可以看出，在一開始，商人認為自己的金錢已經不是財富，而醫生健康的身體則是財富；而醫生認為商人的金錢是財富，自己卻沒有足夠多的金錢。在生活中，我們也經常羨慕別人的生活，我們認為別人擁有我們所不擁有的財富。其實，我們每個人都有屬於自己的財富，不一定是金錢，只是我們沒有發現而已。

　　我們常說：「知足常樂。」一個不知足的人，往往看不到自己手中已經擁有的「黃金」，他拿著「黃金」卻羨慕別人擁有「白銀」。而一些有錢的小氣鬼，則是將金錢看得太重，成為金錢的奴僕，任由金錢擺弄他的內心。這樣的人不懂得發現邏輯謬誤，也不懂得如何建立自己的價值觀和人生觀。

　　我們不仇視金錢，但是也不能過分推崇金錢。在物欲橫流的社會中，太多的人為了金錢迷失了自我，失去了自己的夢想。如果你走在大街上，問路人有何願望的時候，恐怕有一大半人會說自己的願望就是變成有錢人，擁有無盡的金錢。當一個人將自己定位為賺錢的工具時，他的眼裡只有金錢，金錢在哪裡，他的信仰就在哪裡，他的心就在哪裡，這樣的人往往是自私的、唯利是圖的。

　　一個優秀的人，往往能夠正確看待金錢，所謂「君子愛財取之有道」，既不奢靡也不吝嗇。同樣他們對待財富，能夠運用財富思維去處理眼前得失與成敗。他們不會怨天尤人，也不會為達目的不擇手段，他們會用換算思維去明利弊，悟得失，進行全面分析，讓自己感受到生活的幸福與快樂。

56

雙贏思維，做自私的好人

　　什麼是雙贏思維？所謂雙贏，從字面來講很容易理解，就是指合作雙方，都能夠獲得利益，不是此消彼長，也不是兩敗俱傷。雙贏思維來源於賽局理論，這種思維的對立面就是「零和賽局」，即非勝即敗，非強即弱。比如，下棋、球賽，等等。

　　提到雙贏思維，自然要先瞭解「合作」。合作，對於我們來講並不陌生，因為在工作和生活中，我們都需要合作。在家庭中，我們需要與其他家庭成員一起合作，才能將家庭經營得更加幸福。在工作中，我們要與同事、隊友一起合作，才能更高效地完成工作任務。那麼，合作的本質是什麼？

　　合作是人與人、人與群體、群體與群體之間為了達到某種共同的目的，彼此相互配合的一種聯合行為、方式。可見，合作的對象是他人，合作是一種社交行為。

　　孟子有云：「天時不如地利，地利不如人和。」可見，合作是交流的紐帶，代表著一種和諧與默契，更代表著一種榮譽和決心。在當今社會，既有競爭又有合作。因此，合作具有了很大的社會價值，沒有一個人能脫離社會群體而存在，人與人之間需要相互融合、和諧，更需要相互說明和配合。良好的合作，能夠讓我們在困難面前找到解決方法，從而克服艱難險阻。

　　合作並不代表我們不能維護自己的利益，也並不代表我們要放棄自己的目標。合作的過程中，我們會發現，我們的利益

與團隊的利益是相契合的，也就是我們的利益與團隊利益是不矛盾的。個人的目標與團隊目標也是重合的，我們可以以合作的方式來實現團隊目標，同時，也順便實現了自己的個人目標。因此，合作的本質允許我們做自私的好人。

　　在古代，有一個農夫，他一共有八個兒子，男孩本身比較調皮，八個男孩在一起更是如此，經常會相互打鬧爭吵，農夫相當費心。

　　隨著八個兒子的長大，農夫漸漸變老，兒子們雖然長大了，但是還是經常吵吵鬧鬧，農夫為此日夜擔憂。

　　有一天，農夫的八個兒子又在吵鬧，農夫實在沒辦法，只好去請教村裡最有學問的長老，希望他能幫助自己，來讓兒子更懂事，不再愚蠢地吵吵鬧鬧。

　　長老是一個有智慧的人，村子裡誰家有解決不了的問題，都會來向他請教。長老讓農夫將八個兒子都叫到一起，然後他取出八根筷子，一根一根地分發給八個人，說道：「你們要用力將自己手裡的筷子掰斷。」

　　「這不難，這麼細的筷子，輕輕用力便能折斷。」八個孩子嘲笑地說。果然，八個人都將手中的筷子折斷了。

　　長老並沒有露出生氣的表情，又拿出八根筷子，這次他用繩子將8根筷子牢牢地捆綁在一起，並說道：「那麼這次呢，你們誰能將這一捆筷子折斷？」

最大的兒子搶先拿過筷子，兩隻手用力使勁，沒有折斷。然後，每個人都來嘗試，他們都竭盡全力，臉都漲紅了，還是無法將這捆筷子折斷。

長老語重心長地說道：「孩子們，你們明白我的用意嗎？你們整天爭吵不休，只考慮到了自己，根本不去考慮其他兄弟，更不去考慮自己年邁的父親。細細的一根筷子很容易被折斷，而8根筷子『團結』在一起便很難被折斷。團結的力量是很強大的，不要因為自己的自私，讓你們年邁的父親擔憂了。」

這番話讓男孩們明白了團結的力量，也讓他們意識到自己以往的行為是多麼不可取。他們輕聲地相互道歉，然後向父親道歉，並保證以後再也不會讓父親擔心。

上面的例子中，八個男孩剛開始不懂合作，天天吵鬧。是不是像極了現實中的我們，我們會因為私利和同事爭吵，會為了自己與家人爭吵。其實，爭吵的背後是什麼？一個懂得合作的人會看到合作的價值，而一個不懂得合作的人，看到的只有自己的價值。

雙贏思維的建立要依託社會交際，自己與自己是無法合作雙贏的。當然，合作的本質是目的的相同性，我們只有擁有相同的目的，才能實現合作。當然，也許我們出於本心是為了達到目的，為了自己的利益才選擇合作，這無可厚非。那麼，如何利用雙贏思維達成合作呢？

1.瞭解對方的資訊與價值判斷

比如，有一盤子餃子，兩人都想吃，甲吃完了，乙就沒得吃了，這就是零和博弈。而如果甲喜歡吃餃子皮，乙喜歡吃餃子餡，兩人合作，都能吃到自己想吃的部分。

2.使用正增強，把餅做大

比如一名員工想要增加薪水，團隊負責人知道如果不同意他的要求，他可能會辭職，如果同意，其他人勢必也會要求加薪。團隊負責人可以運用正增強效應，只要這名員工業績達到多少，便給其提成，這樣增加獎勵的方式，既滿足了員工的需求，企業也會獲得更多的價值。

隨著社會的發展，人們越來越追求個性，很多年輕人為了彰顯自己的與眾不同，他們不願意與其他人進行合作，認為自己完全可以搞定一切。其實這樣的思想是相當愚蠢的，沒有人不需要別人的說明，也沒有人可以不依靠其他的人。

年輕人獨自去旅遊，在路上遇到了三個自駕遊的人。這三個人邀請年輕人加入他們，因為他們的目的地都是前面那座高山的山頂。

年輕人認為自己登山經驗豐富，對他們的建議不屑一顧，認為他們只會成為自己的累贅。不料，在登山的過程中，年輕人不小心扭到了腳，沒過多大一會兒，腳踝又腫又疼。此時，他已經爬到了半山腰，即使下山，也需要很長時間。這一幕被另外三個人看到了，三個人攙扶著年輕人一直向上爬，其中一個人還在山路上採摘了草藥，用石

頭磨碎草藥，幫他治療腫痛的腳傷。最終，他們四個人一起到達了山頂。四個人一起野餐，一起看日落日出。

第二天，年輕人的腳不再那麼腫痛了，他意識到自己當初拒絕三個人的邀請是多麼愚蠢。

在生活中，我們經常會拒絕與人合作，尤其是在工作中，我們會認為自己一個人足以處理好工作任務，沒有必要與其他人一起合作，殊不知，這種自以為是，會讓我們變成孤家寡人。

善於與人合作的人往往是邏輯思考強的人，他們知道合作思維的重要性，也明白合作的意義是什麼。當然，合作是存在一定前提的，首先要有共同的目標，如果我們與合作對象的目標不一致，那麼就會出現分歧，甚至會影響我們既定目標的實現。因此，在確保目標一致的前提下，我們可以與他人展開合作，從而高效率地實現目標。

團隊合作越來越被當今人們認同，甚至會被有些企業當作必備的素養。我們要充分利用每個成員的能力，利用每個成員的優勢，只有這樣我們共同的目標才能實現，我們的合作思維才更有意義。

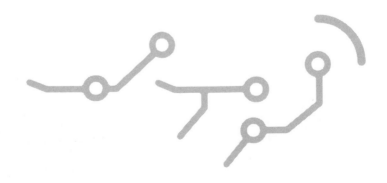

57 常識並不一定符合邏輯

什麼是常識？常識是我們對生活現象的一種總結，再次出現類似的現象時，我們能夠以同樣的思維進行思考，為大腦找到一種解決同質問題的捷徑。我們可以說，邏輯思考基於常識，但絕非等同常識。如果我們將思維單純地定位於常識，那麼我們的思維就存在一定的局限性。

在日常生活中會接觸到很多常識，不難發現邏輯思考的出現歸根於常識的某一方面，因此，邏輯思考出於常識，卻又高於常識，但並不是所有的常識都符合邏輯。我們不能單純地依靠自己掌握的常識來思考所有的事物，否則思維將變得局限和片面。同樣，現有的常識也並不一定完全符合邏輯。比如，在生活中，有小面積燙傷的時候，有些人習慣塗上牙膏，認為這樣能夠治療燙傷，緩解疼痛，但牙膏其實並沒有這種作用。

在生活中，人們希望通過便捷的方法來解決自己遇到的所有事情。因此，很多人會認為利用常識進行思考是最為節省時間的思維方法，但是跟著常識去思考的局限性也是很大的。

1.常識會引起誤導

隨著社會的發展，網路資訊化的進步，人們在網路上能夠看到各式各樣的資訊，同樣，很多常識所傳遞出的資訊不一定是正確的，但是廣泛傳播之後，會被人們普遍認為是正確的。比如吃剩飯容易致癌，所以人們選擇倒掉所有剩菜剩飯，殊不知，有些食物過夜會產生致癌物，而有些食物卻不會。

曾經有這樣一篇文章，其中寫道：「大量吃蘋果對口腔疾病的預防是有效的，原因是蘋果中富含一種纖維質，這種物質對清潔牙齦有很好的作用。另一方面，吃蘋果後不漱口，會導致蛀牙的發生。」

吃蘋果對人的健康有很多好處，這點是我們所知道的，如果說吃蘋果有助於防治口腔疾病，姑且我們也接受，但若只有「吃蘋果不漱口會誘發蛀牙」這句話，恐怕就會對人們產生誤導。要知道，如果沒有妥善清潔口腔，我們吃什麼食物不會導致蛀牙呢？如果我們將這則資訊當作一條常識，那麼勢必會誤導日常思維和行為。

2.有些常識，人們知道但做不到

錯誤的常識本身對我們是不利的，但是對於符合邏輯的常識，又有多少人去遵守了呢？比如，我們都知道早睡早起身體好，熬夜對身體不好。但是隨著人們生活壓力的增大，有多少人晚上工作到十二點，他們知道熬夜不好，卻又無法拒絕熬夜。這樣的現象有很多，難道這些人不知道這些生活常識嗎？當然不是，只不過他們無法遵照這些常識來約束自己的行為而已。

3.某些常識沒有科學性可言，本身就犯了邏輯謬誤

雖然常識是人們在生活中的一種總結，但是這些常識也會過時。隨著人們的思想水準或知識水準的提高，對某些錯誤的常識有了新的認知，雖然常識被人們知曉，但是人們已經認識到這些常識的邏輯謬誤，人們便不再遵照這些常識去辦事。比如，人們說睡覺之前喝一杯牛奶，這有助於睡眠。但是從另一

方面來講，睡前喝牛奶會加重腸胃、腎的負擔，長此以往，甚至會影響腎功能。因此，許多人不再睡前喝牛奶。

　　很多常識是人類根據以往經驗的一種總結，因為經驗並不一定是通用的，所以常識也並不一定通用，這就是常識本身所體現出的局限性。正是因為常識具有局限性，我們做事情也不能完全依靠常識進行判斷。畢竟，隨著科技的發展，人們對於以往不瞭解的事物，可能會有新的認知和瞭解。由此可見，常識或許會被人們認知，但是不能稱之為合乎邏輯。

第 七 章

邏輯學實際應用：
生活的迷魂陣困不住你

58
溝通：邏輯讓你會說又會聽

邏輯思考強的人給他人的第一感覺就是善於溝通，那麼，什麼是溝通呢？溝通通常指的是人與人之間或者個人與群體之間的交流、交際，而交流的內容並不單一，可以包括思想和情感的資訊傳遞，目的就是保持思想的一致性，保持情感通暢。在生活中，良好的溝通對我們的社交是十分有幫助的。同樣，縝密的思維是構建良好溝通的重要因素之一。

溝通是一門智慧。在生活中，我們每天都會遇到各式各樣的人，應付各式各樣的事情。當一個人找到了有力量的邏輯結構時，他說的話往往是別人喜歡聽的，他說出的話很少得罪人。那麼問題來了，我們要如何找到有力量的邏輯結構呢？

這就需要提到金字塔理論，這種理論能夠幫助表達，避免思想混亂，保持理性的思考模式。這個理論的研究者是一位女性諮詢顧問，她發現人們一般從金字塔底端向上思考，但表達時，卻需要沿著金字塔自上而下進行，這能幫助我們梳理、提煉邏輯結構，從而讓我們的溝通效率更高。

如果將金字塔結構要點進行歸納，會有以下三個方面：

1.高一層的思想觀點是對低一層思想觀點概括。
2.每層思想觀點同屬一個範疇。
3.每組思想觀點都符合邏輯順序。

金字塔理論可以協助我們實現更有邏輯的溝通，這也是很多善於溝通與交際的人，常表現出的思維路徑。

梁玉剛作為總經理的司機，他不僅要瞭解老闆的脾氣，還要善於溝通，因為公司上上下下的人都希望能夠透過他瞭解到老闆的行蹤和資訊。

　　這天一早，市場部總監便找到梁玉剛，說下班請他吃飯，他自然知道對方請自己吃飯的目的。他肯定是希望瞭解老闆對他的態度，畢竟在過去的半年裡，他的業績不及格。他聽人事部門說老闆有招聘新人的打算，害怕自己職位不保。

　　梁玉剛明白，如果自己直接拒絕他的飯局，肯定會讓他不高興，如果不拒絕，在飯桌上，他肯定會問及一些關於人事調動的事情。

　　梁玉剛作為老闆的司機，經常下班了還需要在公司「待命」，因為有的時候老闆會需要去應酬。眼看下班時間到了，市場部總監跑過來，示意他下班了一起出去吃飯。梁玉剛將他叫到休息室說道：「王總監，我今天得等老闆，他說這兩天都可能要見客戶。我不敢私自下班，咱們下次再喝酒，下次我請您。」

　　市場部總監聽了說道：「那我等你，他如果不用車，咱們就去喝酒。」

　　「這時間不確定，上次我等到十點，老闆才讓我回家。」梁玉剛解釋道，「沒關係，我們隨時可以喝酒，您有事情跟我說一聲就行。」

「我是有點事想瞭解一下。」市場部總監說道。

「什麼事請說。」梁玉剛說道。

「關於人事調動。」市場部總監輕聲說道。

「這個您應該問人事經理啊，說真的，老闆在車上沒提過這件事，我只是一個司機，他頂多跟我說一下客戶的事，他真的沒說過人事調動的事。」梁玉剛解釋道，「您別擔心，您是資深員工，老闆不會有什麼想法的，只要我們盡力做好工作，老闆也不能說什麼。」

市場部總監聽了梁玉剛的話，似乎心情平復了。

梁玉剛在應對市場部總監的請客時，他通過自己的邏輯思考，能夠準確地意識到銷售總監宴請自己的目的，而自己作為一名司機，保守老闆的秘密是自己的職業操守。他既不能得罪市場部總監，也不能洩露老闆的秘密，這就需要他運用邏輯去應對這個問題了。

思維縝密的人能夠處理好自己與他人的關係，同時，能夠用恰當的語言來與人交談。那麼，對社交來講，邏輯思考究竟會有什麼效果呢？

1.事先做好推理

我們在與人交往之前，要先思考對方的目的是什麼，自己的目的又是什麼，然後進行合理的推理。推理的過程其實也就是為這次溝通做準備的過程，這樣能夠避免在與他人溝通的過程中，遇到我們無法回復的問題，導致尷尬產生。

眾所周知，某訪談節目主持人的主持風格十分犀利，一名演員受邀去參加節目採訪，去之前為了避免出現尷尬，他推理主持人可能會問到的問題，然後做了預演，避免在訪談直播的過程中，出現不理智的回答，也避免自己的回答讓對方感到尷尬。

2.邏輯思考讓我們學會聆聽

　　聆聽是交流的一項基本技能，我們不僅要善於表達自己的思想，更要善於傾聽他人的想法。只有聆聽別人的想法，才能幫助我們去建構自己的思維，做出恰到好處的回應。

　　在與人溝通的過程中，我們不僅要準確向對方傳達自己的想法，更重要的是接受別人的所思所想。一個善於傾聽的人，才能成為一個合格的社交人。如果我們只懂得表達自己的想法，不懂得去傾聽別人，勢必會讓我們的溝通失去意義。

　　張曉曉作為公司的一名銷售，她每天要面對各式各樣的客戶。無論客戶提出什麼樣的問題，她都能很好地給予解答。同樣，在客戶表達自己思想的時候，張曉曉總是能夠認真傾聽，瞭解客戶的需求，瞭解客戶的疑惑。

3.在溝通中，邏輯思考能幫助我們辨別是非

　　人與人交往必然涉及很多大是大非的問題。如果我們沒有清晰的邏輯，很容易被他人的思想所誤導，因此，邏輯思考是我們在社交中的一座天秤，能夠幫助我們分清是非，掌握真理。

社會生活中，不乏一些社交能力強的人，這些人總是能夠成為別人的朋友，我們研究這些人會發現，他們不僅能說別人喜歡聽的話語，更能聽別人要表達的話語。這樣的人，我們稱之為高情商的人，而情商是離不開邏輯思考做支撐的。

　　不善於溝通的人，往往會將原本的好事說成壞事，聆聽別人的話語，也很容易產生誤解。同樣，善於邏輯思考的人，能通過溝通的方式，將原本的壞事情，表達得不是那麼壞。因此，我們要善於運用邏輯思考，建立更好的社交關係。

　　人是社會中的人，這就意味著我們每個人都離不開社會中的其他人，我們需要與他人建立聯繫。我們不可能脫離群體，單獨存在。因此，我們要鍛煉自己的溝通能力，不僅要說別人想聽的、愛聽的，更要聽別人所說的合理的、不合理的。當然，並不是每一個人都是善於溝通的，也並不是所有人都能擁有高情商，只要我們掌握了邏輯思考，我們便能夠做到先思後行、先聽後說。在與人交流的過程中，我們會發現自己的社交能力會有很大的提高。

　　社交高手往往擁有縝密的邏輯思考，他們能洞察別人的內心世界，同時，也能夠通過聆聽別人的言語來瞭解別人的目的和意圖。他們擅長用合理的言語說出話語，讓每個人都能明白自己的意圖是什麼，從而選擇更為適合的交流方式，達到情感溝通的目的。

59

工作：邏輯讓你做事高效

在社會發展迅速的今天，人們習慣用速度來衡量一切。不管是我們做事情的速度還是我們工作的速度，似乎都是人們追求的，就連吃飯，人們也開始點外賣、吃速食，似乎這樣做才能讓吃飯變得高效。我們暫且不去評論這種追求速度的思維是否合理和正確，我們要說的是邏輯思考能力的提高，的確能夠讓我們做事的效率提高。

在《教父》這部電影中，有這樣一句話：花半秒鐘就看透事物本質的人，和花一輩子都看不清事物本質的人，註定是截然不同的命運。這句話充分說出了「高效思維」的重要性。任何事物的發展，都需要依靠其內在的推動力量。毋庸置疑，邏輯就是這種推動力的引擎。在現實生活中，很多人工作低效能、團團轉、做白工，關鍵性的問題就在於沒有在大腦裡建立起邏輯框架的意識。

高效，既強調時間短，又強調做得好，也就是既快又好。毋庸置疑，這是大部分人都嚮往的做事方法。無論是企業還是個人，都希望自己能夠有效率地完成工作任務。那麼，為什麼建立起邏輯框架能夠讓我們做事情的效率提高呢？

首先，邏輯是因事而異的，構建的邏輯框架也各有不同。每件事物之間的內在規律不盡相同，如果我們試圖用一種方法或手段去解決所有的問題，那一定行不通。因此，邏輯具有**因事而異**的性質，正是這點，讓我們看到事物之間的差異性，我們建立起來的邏輯框架會不同，從而找到的解決問題方法也就不同。

其次，邏輯框架是具有創新性的。我們的大腦隨著閱歷的豐富，思維邏輯也會不斷豐富，我們掌握的邏輯方法也會越來越多，這就意味著我們的思維具有了創造性。當我們在工作中遇到了困難的時候，我們可以利用邏輯思考的創新性，找到新的突破點。思維的突破點不同，我們的邏輯框架也就不同，這樣一來，我們的困難也就會迎刃而解，做事情的效率也就自然而然地提高了。

再次，邏輯思考具有系統性。邏輯思考不僅包含很多邏輯方法，還包括很多邏輯理論。我們在思考問題的時候，不僅思考問題本身，還會對整個問題的前因後果進行思考，而這個過程就是我們對工作全面認知的過程。一旦我們對工作有了全面的認知，自然對工作就有了很好的瞭解，也就能夠加速問題的解決和任務的完成，

最後，邏輯框架具有真實性。我們進行邏輯框架建立的前提就是事實的存在，也就是我們工作本身。正因為工作的真實性，我們建立的邏輯框架也就是我們行為的方向、目標。當我們認清了目標，我們要做的一切都會對準目標。因此，我們的行動具有目的性，工作效率自然會提高。

公司要做一項社會調查，主要是針對客戶進行的。要進行客戶調查研究，必須多人一起合作完成這項任務。

小孟是調查團隊中的一員，主管分配給他的任務是根據產品特點製作調查問卷。因為小孟沒參加過調查活動，對要出什麼題目來讓客戶解答，感到十分傷腦筋。

小孟根本不知道如何下手，此時，在一旁的小周根據自己多年對客戶和產品的瞭解，建議小孟先從產品特點和

客戶性質入手。

　　小孟通過思考，決定先對產品進行全面的瞭解，因為公司產品款式很多，所以小孟每天都會與技術部門溝通、瞭解。在瞭解完產品之後，小孟對產品有了全面的認知。緊接著，他開始訪問市場部，瞭解客戶的特點和平時的問題回饋。就這樣，小孟用了一個星期的時間，便將調查訪綱做了出來，主管誇他辦事效率很好。

　　在工作中，我們幾乎每天都需要運用邏輯進行思考，通過邏輯思考我們能夠找到適合自己的做事方法，同時也能夠通過邏輯思考找到處理問題的捷徑。

　　那麼，在工作中，邏輯思考是如何提高工作效率的？

1.邏輯思考能夠對工作任務進行拆解

　　我們知道，有時候工作任務是很複雜的，如果我們不進行任務分解，恐怕很難完成工作任務。因此，邏輯思考能夠幫助我們分析任務步驟，一個小任務、一個小任務地去實現和完成。比如，我們要想完成年度銷售目標。那麼，我們可以將目標進行拆解，分配到每個月中，先去完成每個月的銷售目標，這樣就能夠讓我們實現年度銷售總目標。

2.邏輯思考能夠讓我們對工作有整體的認知

　　很多人之所以在工作中出錯，是因為他們不會全盤了解工作，只是看到了工作的一個方面，卻看不到全部方面。比如，小李接到主管的要求，要做一個文案策劃。但是小李不擅長寫

策劃，於是她只能在網上找到一個方案範本，然後形成自己的方案後交給了主管。主管看後十分生氣，因為這個方案與公司規畫項目不太相關，方案的可操作性不強。主管讓小李先去瞭解專案，之後，小李開始瞭解專案，又與相關部門進行溝通，在全面瞭解了專案整體之後，她開始重新做方案策劃，這次她的方案得到了主管認同。

3.邏輯思考能讓我們更加瞭解自己

所謂知己知彼，百戰百勝，只有瞭解自己之後，我們才能利用自己的優勢去做自己擅長的事情。工作也是如此，只有我們真正瞭解了自己，才能在工作的時候做得更好，工作效率也就會提高。

每個人都不可能是完美的，我們每個人都有思維的缺陷和行為的缺點。正因如此，我們才要借助邏輯思考，瞭解自我的優勢和劣勢，揚長補短，這樣做事情的效率才會大大提高。當然，在生活中，我們看到一些人工作效率的提高似乎是借助了外部力量，而這種借助外部力量的方式也是一種邏輯思考模式。

我們每個人都生活在社會中，每個人都有自己的思考方法，成年人的世界裡離不開工作，我們提高工作效率無非就是為了實現自我價值。這就需要我們擁有縝密的邏輯思考，一個善於運用邏輯思考問題的人，能看到工作的重點問題是什麼，解決了重點問題，自然有助於完成工作任務。有人說，自己的工作是一成不變的，這樣的工作根本用不到邏輯思考，其實大錯特錯，當我們的工作是重複性的，我們更應該利用邏輯思考，找到工作的技巧，從而提升工作速度，讓工作更有效率。

60

理財：邏輯幫你辨別投資陷阱

人們只有等到用到錢的時候，才會發現錢能提供最大的自信。但是此時，我們往往面臨著很多問題，比如，賺得多花得多，賺多少花多少，成為名副其實的月光族。我們對自己的金錢是否有規劃性，這關係到我們的生活品質和品味。

你或許會感到困惑，邏輯和理財有什麼關係？看似表面沒有任何關係，但是其內在還是有一定關係的。一個邏輯思考不強的人，很難做好理財，因為他們不懂如何去理財，而一個擅長理財的人，往往邏輯思考比較強。從另一個方面來講，理財的方式有很多，一個擅長邏輯思考的人能夠找到適合自己的理財方式。

隨著人們生活水準的提高，很多人手中都有了一些積蓄，他們希望用一部分錢做投資，或者做一點小生意。很多不法分子正是看中了這一點，他們會利用人們不懂投資的心理，進行詐騙等不法行為。而邏輯思考強的人，往往能識別對方的陰謀詭計，避免上當受騙；而邏輯思考弱的人，不懂得如何去識別不法分子設置的陷阱，就會上當受騙。

曾經有一個所謂的理財培訓中心，他們請了幾個人來講課，並聲稱是「專家」，於是，他們開始招學員，這些「專家」給學員講授所謂投資理財方面的課程，與此同時，他們還慫恿學員們購買基金或股票，並說這些基金和股票能讓他們獲得高收益。於是，百分之八十的學員都按照「專家」的推薦購買了理財產品。不料，沒有過幾天，學員們發現這家培訓機構倒閉了，而學員們這才意識到自己上當受騙了，很多學員賠得血本無歸。

在生活中，這樣的例子並不在少數。我們發現有些人的投資是盲目的，他們沒有目標，也不懂投資，只是聽別人說、用眼睛看，就毅然決然地去選擇投資別人的專案。最終，自己的錢財付諸東流。

一個善於邏輯思考的人，在進行理財投資時，會怎麼做呢？

1.用系統思維分析投資行業

我們知道，每個行業有每個行業的規則，這就需要我們具備系統思維，用全局的眼光去分析整個行業的前景與發展現狀。同樣，當我們踏入一個陌生行業的時候，我們需要關注的是整個行業的規則和發展前景。有些行業處於沒落時期，這個時候我們就沒有必要去投資。而判斷是否處於上升時期的關鍵，就是我們的邏輯思考能力。一個邏輯思考強的人，他會通過調查、觀看、分析等方式來分析行業的狀態和前景，再決定是否要從事這個行業。

2.用判斷思維辨別合理性

在邏輯思考中，我們知道有一種思維方法是能夠幫助我們識別事情真偽的，也就是判斷思維。我們做任何事情，都要有計劃、有目標，而目標和計畫得以實施的前提是計畫是否合理，這需要我們用判斷思維對事物進行識別。我們經常看到有些人為自己制定了某些投資目標，但是發現投資專案不合理或者不符合科學，從而導致投資失敗或者深陷漩渦，這往往是因為在做事情之前沒能識別出投資專案的不合理性。

3.符合客觀規律

　　我們發現有些人希望走捷徑，或者是獲得暴利，也正是這個原因導致他們出現投資失誤。無論是在什麼時候、做哪個行業，都不可能有捷徑可走。而善於邏輯思考的人懂得遵循客觀事物發展規律，也明白什麼事情該做，什麼事情是不可能實現的。四兩撥千斤的事情在理財方面是很難實現的。但是有的人認為自己能「一夜暴富」，所以才會陷入投資陷阱。

　　一個年輕人走進銀行，他說自己要轉帳，於是，他在櫃檯抽了號碼牌，輪到他時，就聽銀行工作人員說：「您要轉帳到哪裡？」

　　年輕人遞給辦公人員一張字條，上面是一串數字，銀行工作人員按照經驗分辨出這是一個銀行帳號。

　　「您要轉多少錢？」銀行工作人員繼續問道。

　　「10萬元。」年輕人說道。

　　銀行工作人員心中一驚，因為他遇到過很多這種轉帳的業務。「請問您認識對方嗎？」他關切地問道。

　　「不認識，但是我要投資建工廠，所以要轉給那邊的合作夥伴。」年輕人說道。

　　「那您去過那裡，見過您的合作夥伴嗎？」銀行工作人員繼續問道。

　　「沒有，不過我們聊了很長時間，我也瞭解那邊的專案，合作夥伴說那邊有很多竹子，我們要建一個竹子加工廠，他有銷路，我有資金，我們要做竹子生意。」年輕人喋喋不休地講解著。

「身為銀行工作人員，我有義務提醒您，轉帳要謹慎，尤其是轉帳給陌生人。」工作人員善意地提醒著他。

　　「我們雖然沒有見面，但是聊很久了，我也相信他，他說這座工廠投入10萬元，到年底至少能收回30萬元的利潤。」年輕人還在解釋。

　　工作人員聽了年輕人的講述，以他的經驗判斷這可能是一起詐騙事件。工作人員沒有直接幫年輕人轉帳，而是將這件事情彙報給上級。上級立刻聯繫了當地的警察人員，經過調查，對方的銀行帳號的確屬於一個詐騙集團。

　　年輕人之所以會心動，是因為他看中了對方口中的「高報酬」，他認為這是一個報酬率很高的項目，值得自己去投資，然而他沒有防範意識，也沒有意識到對方是一個詐騙犯。如果不是工作人員足夠警覺，恐怕年輕人的10萬元就要打水漂了。

　　作為一個成年人，最起碼的邏輯思考是要具備的，尤其是在經商或者是投資過程中，如果遇到那種所謂的「一本萬利」「一夜暴富」的項目，一定要仔細思考，全面分析，千萬不要因為想要走捷徑的心理導致自己上當受騙。

　　正所謂「天下沒有白吃的午餐」，我們要進行理財投資之前，一定要運用博弈思維進行思考，要明白世界上沒有輕而易舉的一夜致富，這些只不過是一些不法分子為了騙取錢財的手段。我們每個人都生活在社會中，邏輯思考能夠讓我們看清楚事物的真面目，從而避免上當受騙。因此，我們在投資之前一定要多思考，避免自己掉入他人設置的陷阱。

61 心態：邏輯讓你處理問題更理性

　　人是思考的動物，更是理性的動物。思考離不開邏輯，邏輯更是理性的核心。從這個涵義上進行分析，不難看出，邏輯是人之所以為人的標誌性特點。阿爾弗雷德・塔斯基（Alfred Tarski）則認為，邏輯的廣泛傳播能夠加快人類關係的正常化。原因可以分為兩個方面：一方面，通過邏輯，可以使概念的意義更加精確，這也使凡是願意交流的人們都可以很好地進行溝通；另一方面，由於我們思想工具的精確化，它能夠使人們更具有批判性。因此，他們就不太容易因那些似是而非的推論誤入歧途。

　　邏輯為什麼能讓人變得更加理性？因為它有助於人們堅定信仰、辨明是非，並且增進對話、消弭分歧，比如形式邏輯，就是讓人明辨是非對錯的一種邏輯。社會如果缺乏邏輯，就很容易走向動盪和混亂，產生不公和爭端。只有社會充滿邏輯，人們才能幸福地生活，才會對富有的人多一分理解，對貧困的人多一些尊重。社會變得有邏輯，我們便能更加尊重規則，崇尚道德。社會如此，人也是如此，一個人的邏輯能讓他遇事變得更理性，不致感情用事，能讓他擺脫語言的暴力、思想的暴力、行動的暴力……

　　俗話說得好「衝動是魔鬼」。我們暫且不說衝動有什麼不好的後果，我們單說為什麼人會遇事衝動。當一個人遇到某項刺激到自己的人或事時，他的大腦首先是定向的、不懂控制的。而**邏輯思考強的人，他的思維是多方向的，能夠吸收多方面的資訊，考慮多方面的問題，從而克制自己的不理智行為、不理**

智的語言、不理智的思想。不理智說到底就是大腦中缺乏邏輯思考的管控，犯了邏輯謬誤，其中最常見的就是犯了訴諸情感謬誤，導致做事情衝動、語言不當等現象的發生。

一個懂得控制自己情緒的人是成熟的。而自我控制背後的關鍵是什麼？關鍵就在於我們的邏輯，我們不能將一種邏輯思考當作遏制衝動、不理智的良藥。要知道擁有理性的人，勢必具備多種邏輯思考能力。他們在遇到事情之後，會去反復思考、全面地思考，甚至會思考衝動的利弊、理智的利弊。當他們意識到理性要更加有好處時，他們才會願意去理智地對待一切。

小張再次辭職了，回到家中，妻子問他為什麼辭職，他氣憤地講述了事情的經過：「原本部門有一個客戶是我的，我都經營這個客戶三個月了，今天客戶來公司簽合約，恰巧我帶著另一個客戶出去辦事情。我們部門的王總經理就接待了我的客戶，隨後客戶簽約了，他卻說這單的獎金屬於他。」

「你是不是覺得不公平，然後就找王總理論了？」

「對啊，本來是我的客戶，他憑什麼和客戶簽約，即使客戶簽約了，那業務也該算我的，憑什麼算他的。」小張氣憤地說道。

「然後你是不是和王總吵架了？」妻子十分瞭解小張的脾氣。

「我一定要跟他爭辯啊，他吵不過我，說如果我覺得不公平，那就辭職。我心想，辭職就辭職，離開這家公司，還有別的公司。」小張說道。

「你一定是當著其他員工的面和你們王總理論的。」妻子說道。

「是啊，當著那麼多人，他還說那個客戶簽約本來就是他的功勞，他真不講理。」小張說道。

「這件事情，王總有不對的地方，但是你也有不妥的地方。即使你覺得王總做得不對，你也應該私下和他溝通，不該當那麼多人的面讓他下不了臺。」妻子說道。

「你的意思是我做錯了嗎？」小張原本以為妻子會安慰自己，沒想到妻子卻這樣說。

「我們先不提這件事誰做得對，誰做得錯，你想想，自己是不是太衝動了？」妻子解釋道。

「我是衝動了，但是我覺得錯在他。」小張終於意識到自己衝動了。

「是啊，他是錯了，但是你這樣處理事情，導致的結果是你辭職了，這家公司是你今年換的第二家公司，在這裡你才工作了三個多月。」妻子很無奈地說道，「我希望以後遇到事情，你能理智一些，起碼能冷靜一些。」

小張根本沒有意識到自己表現得多麼衝動，他只是想著這件事情是王總做錯了，他急於去爭個輸贏。最終的結果，卻對自己一點好處也沒有。從邏輯學來看，小張在遇到這件事情時，沒有運用水平思考去解決問題，同樣，也不能用逆向思考去思考衝動行為的後果。

在現實生活中，我們每個人都可能會遇到這樣的事情，不管我們是做錯了還是對的，我們都應該保持理性和冷靜。因為理性思維能夠讓我們的大腦保持清醒，而感性思維只會讓我們變得衝動、暴躁，做出一些不理智的事情。

　　理性思維能夠讓我們清醒地看到事物的本質，並且能夠全面地看待問題。事物發生的原因不一定是單方面的，很可能是多方面的。在現實生活中，我們希望自己變得更好，也希望自己擁有更好的生活，只有保持理性，才能避免做出愚蠢的事情，才能避免做出傷害他人的事情。

　　從某個意義上來講，一個容易衝動、過分感性的人往往內心比較脆弱，他們經不起挫折的摧殘，也經不起別人的冷嘲熱諷。因此，他們只能表現出自己的感性，他們不懂得如何去處理問題，也不知道如何去處理自己的情感，因而他們只能表現衝動、暴躁、感性。而一個理智的人，他們的一言一行會受到邏輯的管控，當他們想要發脾氣的時候，理性思維會化身為一個「天使」，在他耳旁說道：「不能發脾氣，你需要思考怎麼全面地解決這件事情。」因此，理性的人會將解決這件事情變為自己的行動目標，而不只是發洩情緒。

　　不管是從工作角度出發，還是從生活角度出發，我們都應該做一個理性的人，唯有如此，我們才能在遇到問題時，找到更符合科學、更合理、更高效的解決辦法，也只有這樣我們才能避免犯低級錯誤。沒有人願意成為別人口中那個衝動的魔鬼，因此，我們要學會通過邏輯來管控情緒，讓理性來控制我們的行為，真正地成為社會中的強者，而不是情感上的弱者。

62
社交：邏輯讓你成為交際達人

如果你想要成為社交達人，那麼不妨先思考三個問題：

1.你是否是一個善於溝通的人？
2.你的社交邏輯是什麼？
3.你會竭盡所能去說服別人嗎？

在工作、生活、社交中，我們總是會和不同職業、不同身份的人打交道，我們在和陌生人初次相遇的時候，我們會很緊張，甚至不善言辭。我們與每個人進行交談的時候，都會遇到各式各樣的問題。要應對不同的問題，就需要我們去認真思考、多方思考，這就需要借助思維的力量，尤其是要運用發散思維，讓自己的思維變得更加活躍，突破思維定式，只有這樣才能應對社交中的各種問題。

在生活中，我們會經常看到一些「冷場王」，不管是參加同學聚會，還是單獨約會，這些「冷場王」經常不說話，與他人也找不到共同的話題。這種不懂得如何溝通和表達的人有很多，之所以會成為「冷場王」，恐怕與他們不善邏輯思考密切相關。所以，想要交朋友，或者是擴大自己的社交圈，就需要與對方進行互動和共鳴，從而獲得良好的溝通效果。

根據有關資料統計，百分之五十及以上的人，在與陌生人聊天的時候會不知所措，大腦處於模糊狀態，我們不清楚自己要表達什麼，也不知道對方表達的目的是什麼。而百分之

六十五及以上的人，在與陌生異性聊天的時候，會產生緊張的心情，甚至有很多時候，我們的表達溝通能力不足，會導致我們心理和心態出現問題。

另一種現象是我們在與別人溝通的時候，總是試圖讓對方按照自己的思路去思考、去做事情，這種試圖說服別人，讓別人按照自己建議去做事情的後果是什麼呢？其實，這是出於我們的邏輯思考。我們試圖說服別人，就要保證自己思維足夠縝密，邏輯足夠清晰和具有說服力，而這些無疑是最基本的邏輯思考要求。

我們很清楚，要獲得良好的溝通效果，需要良好的心態和足夠的自信。而有些人在與人交往的時候缺乏自信，這主要是因為他們覺得自己的價值比對方低，或者說自己沒有對方「高級」，這樣的人很容易犯邏輯上的預設謬誤。這樣的人總是擔心自己說錯話，或者擔心自己的觀點遭到別人的指責與批判，自己的要求會遭到對方的拒絕，從而產生一種逃離心態。再者，一個人如果長期處在封閉的空間，或者很少與外界的人進行交流，長此以往，就很容易導致社交能力和語言能力退化。

因此，我們要想成為社交達人，最應該具備的是良好的心態和足夠的自信心、具有抗壓性，才能有好的表現，同時，我們要對自己有一個客觀理性的認知和評估，運用收斂思維尋找正確解決問題的辦法。保持平等包容、不卑不亢的心態，這樣才能與人愉快地交流。同時，我們要有意識地去擴大自己的社交圈，多表達和多鍛煉自己的思維，提升自信心。

除了自信心之外，我們還要在聊天的過程中，調動氣氛，在注意聊天內容和氣氛的過程中，學會把握聊天的狀態和慣性。

第一，我們在與對方進行交流的時候，不要刻意去找話題，大腦會高速運轉，處於興奮狀態，自然而然就會浮現出話題。而過分緊張，反而不知道要說什麼。因此，在與對方進行交流的時候，一定要保持輕鬆的狀態，這樣能夠讓對方感受到我們的情緒。

　　在聚會或者聊天過程中，話題主導者往往能夠帶動氣氛，讓對方也被其狀態吸引。就像是廣場中的音樂噴泉一樣，遊玩的人既享受濕身的樂趣，又享受音樂的美妙。

　　第二，在我們與對方進行交談的時候，情緒和能量很重要，我們深有體會，當我們聊到激動部分時，大腦就會進入高速運轉的慣性中，即使會說出一些沒有營養的話，但是與對方聊天，依然會變得很流暢和熱情。

　　其實，在日常交往過程中，**比起資訊的傳遞，更重要的是傳遞情感。**對方很可能會不記得我們說了什麼，但是會記得我們聊天的良好氣氛。

　　乘坐飛機的旅客都已經登機，不料，卻傳來廣播通知，說因為航空管制，暫時還不能起飛，要稍等一會兒。

　　聽到這個消息，乘客們開始討論，一位女士生氣地對空服員喊道：「不起飛這麼早讓我們登機，候機室那麼寬敞，讓我們在這麼窄的機艙待著，這是在整人嗎？」

　　空服員急忙解釋道：「很抱歉，現在航空管制，也是我們所沒有預料到的，給您帶來不便，還請您諒解。」

　　女士毫不妥協地說道：「航空管制？你們就不能早點通知嗎？等乘客上了飛機才通知。」

「很抱歉，需要您耐心等待一下。」

女士聽了更加生氣：「一下是多久，一個小時，還是兩個小時？請你告訴我們具體時間。」

女士的態度越來越急躁，空服員沒有辦法，只好將乘客的反應告訴了座艙長。座艙長走過來很禮貌地向女士解釋道：「女士，是這樣的，所有飛機都需要按照順序排隊起飛，我們起飛是需要在航空塔臺登記的，按照我們登記的順序排隊起飛，輪到我們這架飛機我們就會馬上起飛。但是因為天氣，導致所有的航班都延遲了，很多飛機都在排隊。如果現在我讓大家下飛機，在候機室等候，那麼我們就要重新排隊，這樣起飛的時間會更晚。」

座艙長講完之後，這位女士的情緒明顯好轉，她不再說話，而是拿出手機開始玩手機。

不難看出，這位女士之所以會由抱怨轉為憤怒，主要是因為她不清楚飛機不能起飛的原因到底是什麼。我們在與人交流的過程中，也經常會遇到這樣的情況，因為對方不清楚我們表達的事情是什麼，所以導致溝通不順利。因此，我們與人溝通，一定要站在對方的角度去思考問題，不要總是站在自己的立場去表述，否則很可能導致對方不理解我們要表達什麼。

一個善於邏輯思考的人，在與人交往之前，已經思考好了以下幾點問題：

1.交流的目的是什麼？

2.我要如何開始這次聊天？

3.別人提出疑問或者是出現分歧怎麼辦？

　　一個思維縝密的人會將社交變得有計劃性，甚至有針對性。他們明白每次交際的目的是什麼，明白與人溝通的技巧是什麼，更明白在溝通過程中可能會遇到哪些問題。當我們弄清楚這些問題之後，聊天就變得相對簡單，我們的社交也就能夠變得順暢，避免尷尬的產生。因此，善於交際的人往往是一個邏輯思考能力超強的人。

63
情商：邏輯讓你成為萬人迷

我們在生活中，經常會聽別人說誰的情商高、誰的情商低，那麼到底什麼是情商？情商與邏輯又有怎樣的聯繫？下面我們不妨帶著疑問去瞭解這些問題。

情商，指的是情緒商數，也就是EQ，這是一種自我情緒控制能力的指數。它屬於美國心理學範疇，如果我們想要明確情商的定義，那可能不是太容易被定義出來，即使是經常將「情商」掛在嘴邊的心理學家，也很難對它進行清晰定義。但是有一點很清楚，即它指的是「信心」「急躁」「衝動」等一些情緒反應的程度。

在當今社會，人們面對的壓力越來越大，高負荷的工作和複雜的人際關係，促使人們越來越注重情商的培養。也就是說情商高的人，人們都喜歡和他們進行交往，而這些人無論走到哪裡，從事什麼工作，都能很快地融入團隊中。也正是因為如此，越來越多的人開始注重情商的培養。當然，情商高並不代表永遠不會發脾氣，而是發脾氣後能快速調整自己的情緒，把握好負面思考與正面思考的平衡點，也就是要求我們具備平衡思維。

心理學家對情商做了研究，發現它是情緒控制能力的關鍵。一個人善於控制自己的情緒，在做事情的時候，勢必會十分認真。而一個情商低，不會控制情緒的人，在做事情的過程中，很容易放棄。

或許我們會有疑問了，怎麼樣才能讓自己成為一個高情商的人？我們來看一個有趣的對話：

　　一個瘦瘦的男人對一個胖男人說道：「你這麼胖，夏天不熱嗎？」
　　胖男人回答：「夏天不只是胖子熱，瘦子也會熱。」
　　瘦男人聽了不再說話。

　　其實，這位瘦男人只是想問胖男人是不是夏天會怕熱，瘦男人卻沒有用邏輯去分析自己問出這句話會有怎樣的效果。眾所周知，越是胖的人越不喜歡別人以「胖」為對話，展開任何對話。瘦男人之所以會問出這樣不適宜的問題，其實說到底是因為他的邏輯思考能力差。一個善於運用邏輯的人在說話之前會先思考，自己的話是不是會傷害到他人，自己表達觀點的邏輯是什麼。
　　在生活中，我們總是羨慕別人邏輯能力強，但是很難意識到邏輯性強的人情商一般會很高。尤其是在拒絕別人的時候，更能體現出一個人的情商高低，要成為一個情商高的人，就要學會拒絕別人的方法和語言，這就需要我們具備拒絕思維。

　　一個男孩去好朋友家作客，恰巧好朋友不在家，好朋友的媽媽說道：「我兒子去樓下買東西，你先抽根煙，喝點水，等會兒他就回來了。」
　　男孩說道：「阿姨，我不抽煙，我喝點水就行。」端過杯子他喝了一口水。

好朋友媽媽笑著說道：「抽煙不是好習慣，你不抽煙真好，現在的孩子很多都抽煙，抽煙對身體很不好，尤其是對肺。就拿我兒子的爺爺來說，他一兩天就抽掉一盒煙。」其實，好朋友媽媽只是想要誇男孩的生活習慣好。

男孩或許是因為無聊，他說了一句：「那他爺爺現在死了嗎？」

頓時，好朋友的媽媽臉上的笑容凝固了。

可見，這個男孩的情商就很低，他在說出這句話的時候根本沒有意識到自己的話語是多麼地不合理。一個邏輯性強的人，根本不會犯這樣低級的錯誤。

小燕和婆婆相處得很好，在社區鄰里之間都知道。小燕的婆婆經常誇讚小燕懂事、孝順。別人問小燕是怎麼處理婆媳關係的，小燕講了自己的經歷。

過年的時候，小燕買了兩條項鍊，一條送給了媽媽，一條送給婆婆。婆婆看到項鍊的時候說道：「小燕，你買給你媽媽了嗎？我年紀這麼大了，不喜歡戴這個，你送你媽媽戴就好了。」

小燕自然知道這是婆婆的客氣話，她說道：「我每天都叫您『媽媽』，您當然是我媽啊，女兒買條項鍊給媽媽不是天經地義的嗎？」

聽了小燕的話，婆婆笑得合不攏嘴。

還有一次，小燕給媽媽買了一瓶乳液。媽媽說道：「你有買給你婆婆嗎？」恰巧，這句話被剛進屋的婆婆聽

到了，小燕急忙說道：「我婆婆皮膚那麼白，又漂亮，我才羨慕她呢，那麼好的皮膚根本不用抹這個。」

在一旁的婆婆笑著說道：「我都這麼多歲了，皮都鬆了，還開我玩笑。」

瞬間三個人一起笑了。

不得不說，小燕是一個情商高的人。在小燕的話語背後，不乏邏輯性。在婆婆問她是否有買項鍊給自己媽媽的時候，小燕沒有正面回答這個問題，而是用側面邏輯，側面回答了這個問題。而當小燕發現婆婆聽到自己與媽媽談話時，她則以「婆婆皮膚白」化解了尷尬，同時也贏得婆婆的歡心。

那麼，在生活中，我們要如何成為一個高情商的人呢？

1.訓練自己的形象思維

經過研究發現，一個情商高的人往往擁有超強的形象思維，這就意味著擁有形象思維才能在不同人和事面前，做出適當的反應，避免將局面弄得過於尷尬。

2.管理自己的情緒

當我們遇到不開心的事情時，一定要控制自己的負面情緒，這點很重要。因為一個善於控制自己負面情緒的人，往往能夠保持大腦清醒，從而找到更適合的方法去化解眼前的爭執。而一個不懂得管理自己情緒的人，往往會以自我為中心，從而得罪身邊的人。一位心理學家說過：「高情商的人就是單純地將自己的情緒掩藏起來，讓別人捉摸不透。其實，高情商的人不

是善於掩飾自己的情緒，而是善於管理自己的情緒。真正高情商的人通常會通過直面自己的情緒，體會和調節，來達到控制干擾情緒的目的。」

3.用自知之明思維看待生活中的煩惱和苦難

俗話說得好「人生不如意十之八九」，也就是說在我們的生活中，大部分時間是不如意的，而當我們遇到煩惱和困難的時候，我們要如何去做？最簡單的方法就是不去盲目比較，比較心態總是會讓我們感覺到生活不如意，我們只有客觀地認知事物，具有自知之明，這樣才能保證我們實現成功。

4.簡約思維提升執行力

情商高的人，執行力往往很強，只要是確定了正確的方向，他們就會堅持到底。對情商高的人來講，簡單重複的工作或生活並不代表乏味，而是代表簡約思維，即每天能夠安穩地生活，踏踏實實地工作。

在生活中，我們希望贏得周圍人的喜愛，希望自己成為高情商的人，要做到這點自然離不開邏輯的力量。一個邏輯思考強的人無論是在應對他人的刁難，還是應對困難時，都能表現得遊刃有餘。

64
逆商：邏輯讓你擁有不斷復盤❻的機會

巴頓將軍（喬治・巴頓 George Smith Patton, Jr.）說過這樣的話：「衡量一個人成功的標誌，不是看他登到頂峰的高度，而是看他跌到低谷的反彈力。」這裡的反彈力，指的就是逆商，其能夠決定一個人在遇到挫折的時候，是否經得起打擊和壓力。

什麼是逆商？我們需要弄清楚這個問題。

逆商一般被譯為挫折商數或逆境商數，指的是人們面對逆境時的反應方式，也就是擺脫挫折、擺脫困境和超越困難的能力。許多成功人士十分看重逆商的培養，認為一個人是否能夠實現成功，逆商是至關重要的。李嘉誠曾經說過：「如果你想過普通人的生活，就會遇到普通的挫折。你想要過更好的生活，就會遇上最強的傷害，這世界是公平的，想要最好，就一定給你最痛。」當然，瞭解逆商，就必然要提到逆商思維。逆商思維分為三種類型：

第一種，放棄者。 這種人隨遇而安、貪圖享樂，容易自暴自棄，語言上也多消極詞彙。

第二種，紮營者。 這類人曾經很努力，但是獲得了一定地位或成就之後，開始鬆懈，甚至滿足現狀，原地踏步。

第三種，攀登者。 這類人不僅是為了暫時的地位或成就，他們將人生看作長跑，不斷攀登，不斷探索。

---

❻ 棋類術語，指對局完畢後復演該盤棋的記錄，以檢討局中著法的優劣與得失關鍵，同時提出假設，找出最佳方案。

如果我們將智商和情商看作與人打交道的能力，那麼逆商就是我們與自己打交道的能力。我們說與社會中的其他人打交道是一件不簡單的事情，其實，與自己打交道才是一件很不簡單的事情。

我們經常會聽別人說「我們最大的敵人是自己」。的確，很多時候，我們之所以無法實現成功，歸根結柢是因為我們無法戰勝自己，而逆商思維就是戰勝自我的一種方法和手段。

那麼是什麼決定了我們逆商的高低？從邏輯學角度來講，邏輯思考的高低能夠左右逆商的高低。我們不妨從四個維度進行分析：

1.掌控感

高逆商的人無論是在生活中，還是在工作中，都能擁有很高的掌控感，無論所處的環境、境界是多麼得糟糕，他總能看淡一切消極因素，看到積極的一面，從而讓結局發生逆轉，反敗為勝。相反，逆商低的人，明明掌控了不少資源，卻認為事情的發展已經脫離自己的控制範圍，在碰到困境的時候，認為自己沒什麼用，即使眼前的困難微不足道，他們也會在內心裡誇大困境的影響，從而放棄眼前的一切。

在認知心理學中，有一個重要的研究成果，即「習得性無助」。即將一隻狗關進籠子裡，只要是蜂鳴器一響起來，就給予電擊，狗關在籠子裡逃避不了電擊，經過多次實驗之後，實驗者先將籠子的門打開，蜂鳴器一響起來，狗不但沒有逃出籠子，反而還沒有電擊，便躺在地上開始呻吟和顫抖。其實，狗的這種表現就是他掌控逆境的能力較差造成的，讓它放棄了逃出籠子的嘗試。

2.擔當力

在面對挫折的時候，我們的反應是傾向於拒絕面對挫折，還是選擇直接面對挫折？這很重要。高逆商的人在挫折中，不但不去責備其他人，反而會主動地承擔起責任，將事情的損失降到最低，與此同時，他會想盡一切辦法去解決問題。而逆商低的人會極力將責任推給他人，甚至會將自己撇得一乾二淨，要不就是過分自責，不敢主動地去面對困境和挫折。

3.影響度

高逆商的人會降低逆境所產生的負面影響，控制不良後果蔓延，他們會坦然應對事情的後果，做到大事化小。以消極的態度看待挫折，選擇極端的方式去應對挫折，最終結果只能是越來越壞。

4.持續性

逆境到來時，可能不會迅速過去。高逆商的人具有一定的忍耐力，認為自己能走出困境，並且認為自己有「東山再起」的機會。而低逆商的人會拉長逆商的影響力，認為時間將是他畢生的恥辱，於是放棄努力，拒絕改變。

每年，美國的《成功》雜誌都會對當年最偉大的東山再起者和創業者進行報導，通過閱讀會發現，這些人的經歷中都有一個相同的部分，那就是他們在遇到困難時，能夠保持樂觀的

態度，並能用積極的心態去應對挫折，他們從不輕言放棄。可想而知，逆商對一個人的成功與否起著很大的作用。邏輯能夠讓我們看清當下逆境的真相，從而讓我們找到打破逆境的方法，這也是提高我們逆商的一個過程。要想擺脫困境，擁有復盤的機會，我們不妨從以下幾方面做起：

第一，接受現實，著眼當下的問題。

無論現實是什麼樣的，都要走出勇敢的第一步，即接受當下的困境，只有做到接受眼前的一切，不去自責或責備別人，然後從當下現實著手，找到解決問題的方法。在問題處理完畢之後，我們將迎來一次復盤的機會，想想可以改變和優化的地方，防患於未然，避免下次發生同樣的事情，這才是重要的。

第二，找到釋放壓力的方法。

每個人在遇到逆境時，都或多或少地心存壓力。在這個時候，我們要找到釋放壓力的辦法，讓自己的壓力能夠宣洩出來，避免自己太過壓抑。比如，我們可以通過運動的方式緩解壓力，跑步、打球都是不錯的選擇；還可以與朋友傾訴，讓對方幫自己想解決的辦法；培養興趣愛好，練字、畫畫都可以讓我們的壓力得到釋放。

第三，培養成長型思維。

我們要警惕一面倒思維，避免陷入某個思維模式無法自拔。為自己制定目標和方向，不斷學習和努力，相信自己的目標會通過努力得以實現。即使失敗了，它也是一個需要面對和解決的問題，只要我們將結果看作目標，努力去扭轉失敗，便能得到「翻身」的機會。

第四，要學會增強自我效能感。

在自我效能感增強之後，我們可以從失敗中抽離出來，此時，我們能看到自身的優勢，並根據自身情況，設定合理的目標和期待，在實現後進行自我激勵。

在現實生活中，我們希望自己能夠克服所有的困境和挫折，但是真的當挫折來到時，我們可能會選擇退縮，而我們退縮的最直接的原因就是我們的逆商不夠強大，或者說我們不懂得堅持和面對的力量。

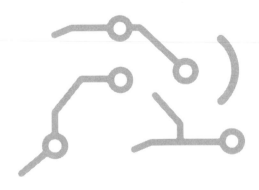

65

想像力：邏輯讓你學會創新

邏輯與創新聯繫十分密切，在邏輯思考中就有著一個創新思維，我們運用創新思維的時候，會發現一個人的想像力是多麼的重要。不可否認，想像力是創新的起點，無論是觀點創新還是思想創新，需要的都是從大膽的想像中萌發出來。

想像力正是想像思維的直接體現。想像思維是人腦通過形象化的概括，對大腦中已形成的記憶表象進行加工、改造或重組的思維活動。想像思維可以被認為是形象思維的具體化，也是人腦借助表象進行加工操作的主要形式，是人類進行創新及其活動的重要的思維形式。因此，想像力是在大腦中描繪圖像的能力，當然人們所想像的內容並不是單純包含圖像，它還包含聲音、味道等，比如有些人想到汽車會想到汽油味、廢氣味等。想像力是一種在大腦中「描繪」畫面的能力，就像一支畫筆一樣，能夠憑藉我們的意志，然後進行合理清晰的、色彩鮮豔的、天馬行空的想像。因為想像力是人大腦中的一種強大功能，它屬於右腦的形象思維能力，因此，想像力與邏輯思考是密不可分的。

想像思維又分為無意想像和有意想像。無意想像指不受意識主體支配的想像，而有意想像是受主題意識支配的思維活動。高爾基也說：「想像在其本質上也是對於世界的思維。」可想而知，想像力對我們的生活會產生很大的影響。

提高想像力對我們來講是非常有必要的，其作用和好處會表現在生活的各個方面，甚至關乎我們是否能成功。想像力也是人不可缺少的一種智慧，哲學家狄德羅說：「想像，這是一

種特質。」一個人一旦失去了想像力或者想像力很差，那麼這個人是很難成為詩人的，也不可能成為哲學家，更不可能成為一個具有創造力的人。

在現實生活中，我們發現成功的人很多都是想像力比較豐富的，他們的思維十分敏捷，能夠應對事物的變化和發展。而一個思想「木訥」的人，在事物發展過程中只能充當見證者，無法成為開拓者。

一個禿頭的男人走進一家理髮店，髮型師問：「需要什麼服務嗎？」

男人一臉愁苦地說道：「我本來打算去做頭皮移植手術，但是太痛了，如果你有辦法讓我的頭髮看起來和你的一樣，而且沒有任何痛苦，那我就付給你1000美元作為酬勞。」

理髮師聽了說道：「這個很簡單。」

說完，理髮師開始給男人理髮，最終，理髮師將男人和自己的頭髮都剃掉了，兩個人都成了光頭。

雖然這是一則很有趣的小故事，但是在思維過程中，需要合理的想像和創造性思維，只有這樣，人的認知才能得到進一步的提高，認知成果才會如我們所願。而創造性思維正是一個表現，敢於打破常規的表現，進行創造性思維，才能解決看似無法實現的難題。

那麼，我們要如何提高自己的創新思維呢？

1.用「求異」思維去看待和思考問題

也就是在生活中，我們需要多去思考事物發展的不同性和特殊性，不拘泥於常規，保持懷疑精神，在看似事物和現象的時候多問幾個「為什麼」。

2.有意識地從常規事物的反方向思考問題

如果我們將傳統觀念和經驗當作定律，那麼就會阻礙我們創新思維活動的展開。因此，在面對新的問題時，不要習慣於按照以往經驗去處理，要打開思路，打破固有的思路，只有這樣才能讓自己的思維變得更加活躍。

3.多深入分析問題

一般而言，我們看問題的時候經常會看到問題的表象，正因為我們看到的只是事物的表象，這就意味著我們很難看到事物的規律和本質。只有看到了事物的本質和內在規律，我們才能實現創新。因此，我們要主動深入分析問題，瞭解事物內在規律，實現思想創新。

4.運用聯想思維主動地、有效地分析事物之間的聯繫

聯想是創新的方法，也是比較容易的一種方式，而聯想思維也是我們進行創新必不可少的思維方式之一，我們經常會說「由此及彼，舉一反三」這就是聯想中「經驗聯想」的體現。

任何事物間都存在一定的聯繫，這是人們聯想的客觀基礎，因此在聯想的時候，最重要的就是尋找事物之間的聯繫。

5.運用系統思維整合、全面地看待問題

創新要求我們具備系統思維，在生活中，我們很多時候只懂得「就事論事」，不懂得「融會貫通」。或者我們聽到什麼就認為是什麼，看到什麼就是什麼，思維往往會被局限。整合就是將事物的各個側面、部分和屬性統一為整體。當然，整合不是將事物的各個部分、側面隨意地進行拼湊，而是按照它們內在的必然的、本質的聯繫將整個事物聯繫在一起。

　　　古時候有一個國王，他和大臣們去花園散步，正好看到水池裡的池水，國王心血來潮地問大臣：「這水池裡一共有幾桶水？」大臣們都搖頭表示不知，國王便說道：「給你們三天時間去思考，如果三天之後你們能回答出來，那麼我就重賞，如果回答不出來就重罰。」

　　　大臣們思考了三天，仍然一籌莫展，就在這個時候，一個小孩走進宮殿，說自己知道答案。國王很好奇，便讓小孩回答，小孩笑著說道：「不用看了，這個問題很容易。這要看那是多大的水桶，如果和水池一樣大，那麼一個水桶就夠了；如果是水池的一半大，兩個水桶足矣；如果水桶只有水池的三分之一大，那就需要三個水桶。」

　　　國王打斷小孩的話，點頭說道：「你回答正確。」

其實，大臣們為什麼解不開國王的這道題，主要是他們陷入了常規思維，根本沒有想到這些，而小孩並沒有受到人們常規思維的束縛，便能找到這個答案。

在生活中，我們也經常遇到這樣的問題，很多時候並不是我們不知道正確答案，而是我們的思想被固有思想束縛了，思路閉塞，根本做不到發散思維。一個想像力很強的人，勢必具有一定的邏輯思考，思維越是靈活，其思想的創造性也就越強。在生活中，我們需要創造性強的思維，只有這樣我們才能真正意義上感受到創新帶來的好處。

　　創新思維是科學的思維方式，在我們日常生活中，處於至關重要的地位，只有不斷地進行創新，不斷地進行積累，才能提高我們的職業素養和邏輯思考能力，才能更好地應用到實際工作中。

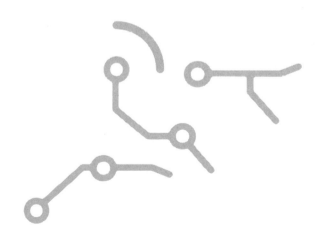

66 辨別力：邏輯讓你看清謊言背後的真相

　　說謊，被定為人類的本性之一，既然說謊始於人的本性，那麼，沒有人可以保證一生不說謊。英國人很無聊地統計過，人一輩子至少要說謊8萬句。當然，有的人可能不到這麼多的數量。有人說謊，就有人忙著揭穿。

　　我們暫且不去討論拆穿謊言的意義是什麼，我們就以謊言本身來講，它是一種表象，也就是說，之所以謊言稱為謊言，是因為它不能代表事物的真實面貌。在謊言背後，肯定藏匿著事物的本質與本相。

　　在大千世界，我們每天都要面對不同的人和事，他們能夠帶給我們的是不同的資訊，而有的人是在故意說謊，有的人本身掌握錯誤的資訊，然後再將這些錯誤資訊傳輸給我們，我們自然也就被「欺騙」了。我們不能絕望地說自己每天生活在「充滿虛假資訊的世界」，但是不得不說，謊言常常是圍繞在我們身邊的。因此，具有辨別謊言的能力是保證我們抓住有價值資訊的關鍵。但是，並不是所有人都具備辨別謊言的能力，也就要求我們要有判斷思維。

　　很顯然，要有辨別謊言的能力，就需要對我們接收到的資訊進行分析，而分析的過程就是邏輯思考的過程。我們可以借助掌握的資訊、傳遞資訊的人等多方面的因素，對資訊進行分析，在整個分析過程中，最重要的是判斷思維的運用，而判斷本身就是一個分析過程，目的是識別真偽對錯。判斷中有類比，經過比較之後，才能發現對錯。

善於運用判斷邏輯分析資訊的人能夠看到資訊背後的真相，從而找到事物的本質所在，撥開重重迷霧，讓自己獲得更多有利的、有價值的內容。相反，一個邏輯性不強的人，在他們接收到外界資訊之後，他們不清楚如何去辨別資訊，自然也就分不清是謊言還是真相，就極其容易被誤解。

莎士比亞曾說過：「成功的騙子，不必再以說謊為生，因為被騙的人已經成為他的擁護者，我再說什麼也是枉然。」看了莎士比亞的這句話，我們可能會產生種種疑問，為什麼被欺騙的人反而成為騙子的擁護者？其實是因為被欺騙的人缺乏邏輯思考能力，他們無法辨識謊言，自然會認為騙子的言語是正確、合理的，並全力去信奉對方的言語。那麼，在面對謊言的時候，我們究竟要如何運用判斷思維進行辨別呢？

1.提高心理免疫力

我們在接收到資訊之後，往往需要從內心出發，進行合理的分析，不僅要對其他人的話語進行分析，更要對其表情、行為進行分析，從邏輯上找到話語和行為的漏洞，或者從事物發展規律上進行辨別，找到不合乎現實的地方。這樣做的目的是大腦對資訊進行過濾，選擇正確的資訊，拋棄錯誤的資訊。

2.論證評估

當我們接收到某條資訊時，就要借助自己的知識儲備和見識去分析，從而找到證據去證明訊息的正確性或者荒謬性。一個閱歷豐富、見多識廣的人往往不容易被謊言蒙蔽，相反，一個見識淺薄、知識水準低的人往往會聽信他人的「謊言」。

3.善於觀察，發現真相

謊言傳遞出來的資訊往往是事物的假像，一個善於判斷的人，通過仔細觀察，往往能夠對謊言中包含的因素進行分析，從而找出不合乎邏輯和現實的內容。

剛出社會工作不久的張悅正在家裡休息，他接到了一通陌生來電，他像往常一樣，接了電話，電話另一頭傳來了一個男人囂張的聲音：「你是張悅吧？」

張悅覺得很奇怪，對方怎麼知道自己的名字，他以為是同事便回答了。

「我是東北的，我叫張彪。你可能沒聽過，但是道上的人都知道我。」張悅聽得一頭霧水。對方繼續說道：「有人找我，說讓我找兄弟修理你，你知道你得罪人了嗎？」

張悅很驚訝，自己第一次接到這種電話。對方繼續說道：「對方要你一條腿，兄弟，你自己說要怎麼處理吧？」

張悅的大腦亂成一團，他根本沒遇到過這種事情，張悅隨口問了句：「你們想怎麼樣？」

「這樣啦，我是覺得小事一件，沒必要讓我的兄弟跑過去找你，但是事情你要給我一個交代啊。」對方說道。

「誰找你們的？你們要怎麼擺平？」張悅有些緊張。

「你不用管誰找我們的，你的姓名、電話、住址，你的身份證字號，我們通通都知道。」對方囂張地說道，「不過，我是覺得沒必要大老遠跑地過去要你一條腿。」

「那怎麼解決？」張悅著急地問道。

「請兄弟們一點酒水錢，我可以出面跟你的仇家講一講，畢竟他能找到我，我也是有點面子的。」對方說道。

「要多少錢？」張悅問道。

「這個看你個人的意思了，酒水好就搞得定，酒水不好，就又有不好的做法。我給你一個匯款帳號，你自己看著辦。」說完對方掛了電話。

張悅內心感到無比蹊蹺，因為自己剛出社會工作，也不知道得罪過誰。正在這個時候，手機上接收到一條簡訊，的確是一個銀行帳號。張悅只有兩萬塊，他在想匯給對方兩萬元，對方是否能接受。

張悅心事重重地跑到銀行，銀行工作人員看到他要轉帳，便諮詢是什麼事情，他將事情的前因後果講述了一遍，沒想到銀行工作人員卻勸說他報警，說這可能只是一個詐騙電話。隨後，張悅報警，經查證，的確是詐騙電話，張悅虛驚一場。

正是因為張悅接觸社會比較少，閱歷太淺，所以他才會在遇到這種詐騙事件時，按照不法分子的思維去思考問題，從而差一點就陷入對方的圈套。因此，一個善於邏輯分析問題的人，他的邏輯是基於個人的閱歷和知識儲備的。**我們要想揭穿生活中的謊言，就要讓自己變成一個見多識廣的人。**

提到謊言，我們可能會想到「善意的謊言」，無論是善意的還是惡意的，謊言所呈現出的資訊都不是事物的本質。而對

於善意的謊言，我們的態度是委婉的、善意的，我們可以去接受這種謊言，但是不能將這種謊言看作事物的本相。

在一則報導中，一位母親身患癌症，她意識到自己的生命所剩不多，於是，她開始給年僅兩歲的兒子編織一個「善意的謊言」。

她開始拍影片，用影片的方式來告訴孩子自己要去很遠很遠的地方工作，而那個地方到家裡的距離太遠了，她買不上回來的船票，所以要一直待在那裡，但是只要他想媽媽的時候，就可以看看媽媽的影片。

半年之後，這位母親去世了，她的兒子從幼兒園開始就一直認為媽媽去了很遠的地方工作，直到孩子上了初中，他將媽媽拍攝的影片看完，他才得到真相。

這位母親的本意是好的，她希望孩子感受到母愛，希望孩子能記住自己。而孩子的邏輯性較差，他在年幼的時候無法分辨出媽媽的「謊言」，但是終有一天他會知道真相。

一個人分辨謊言的能力也是隨著成長而不斷提高的，我們要想分辨生活中的謊言，不妨多經歷一些事情，拓寬自己的眼界，這樣才能在謊言面前，揭開謊言，看到事物的真相。

附錄

邏輯訓練動動腦

一、邏輯學選擇題

（　　）1.隨著人們生活條件的提高，人們越來越注意養生。有醫學研究表明，吃維生素和礦物質補充劑對養生並沒有顯著的幫助，過量補充甚至還會損害人體健康。因此，一些醫生建議人們不要吃維生素和礦物質補充劑了，而是應該通過合理的飲食和均衡營養來補充人體所需的維生素和礦物質。下面哪項是真的，就能削弱上述研究的成果？

    A. 一項研究發現，2萬名中年婦女服用了維生素D加鈣補充劑長達5年時間，這並沒有對她們的身體造成傷害。

    B. 一項研究發現，2萬名男性8年裡，沒有服用維生素和礦物質補充劑，他們並沒有增加患病風險。

    C. 一項研究發現，1萬名已開發地區和1萬名未開發地區的老年人，他們的身體健康狀況並沒有太大差異。

    D. 一項研究發現，2萬名不服用維生素和礦物質補充劑的兒童，經過3年時間，這些兒童出現營養缺乏的發生率較高。

答案：D
解析：這道題運用了對比論證思維。論點為「維生素和礦物質補充劑不比飲食對人體營養好」。要找削弱論點的答案，就要找補充劑對人體有營養、有好處的。

（　　）2.一個科研小組在亞馬遜雨林發現了一種真菌，這種真菌能夠降解普通的聚氨酯塑膠。科學研究者認為利用這種真菌的這種特性進行研究，有望幫助人類解決塑膠垃圾的問題，尤其是近幾十年，人類丟棄的塑膠垃圾數量巨大。下面哪條屬於科研人員做出這種判斷的前提？

A. 大量塑膠垃圾對人類的生活產生了巨大的危害和影響
B. 目前絕大多數塑膠垃圾都屬於普通的聚氨酯塑膠
C. 這種真菌在任何條件下都可以分解塑膠製品
D. 在地球上這種真菌在任何地方都可以存活

答案：B
解析：論據為真菌、聚氨酯；論點為真菌、垃圾。

（　　）3.教練讓四名學生一人拿一隻桌球，顏色自選，最後，教練發現四個人中，有一個人拿了白球。教練問誰拿了白球？如果四人學生中，只有一人說的是真話，那麼是誰拿了白球？

A. 甲說：我沒有拿白球。
B. 乙說：我看到丁拿了白球。
C. 丙說：白球是乙拿的。
D. 丁說：白球不是我拿的。

（　　）4.中國的考古人員在一次挖掘中，發現在一座唐代古墓中竟然有多片先秦時期的夔紋陶片。對這種情況，考古專家解釋說，是由於雨水沖刷等，將這些先秦時期的陶片沖至唐代的墓穴中的。以下哪項如果為真，最能質疑上述專家的觀點？

　　A. 在這座唐代古墓中發現多件西漢時期的陶片
　　B. 這座唐代古墓保存完好，無漏水、毀塌跡象
　　C. 唐代文人以書寫夔紋為能事
　　D. 唐代有將墓主生前喜愛的物品隨同墓主一同下葬的風俗

答案：B
解析：本題對應因果論證思維。論點為因為雨水沖刷將先時秦陶片沖到唐墓。最強的削弱這個論點，就是正確答案。

（　　）5.為消除安全疑慮，對於使用超過10年的電梯必須更換鋼索。按照這條規定，發現在必須更換鋼索的電梯中有一部分是w品牌的。而所有w品牌電梯都不存在安全疑慮。以上內容可以推論出？

A. 部分存在安全隱患的電梯必須更換鋼索

B. 有些w品牌的電梯必須更換鋼索

C. 有些w品牌的電梯不需要更換鋼索

D. 所有需要更換鋼索的電梯都超過了10年的使用年限

答案：B

解析：這種題型，給出的資訊比較複雜，我們可以從答案入手。B、C選項是相對的，必有一對一錯，再比較A、B選項，可以知道A是B的換位，因此選B。

（　　）6.部分經濟學家認為，全球經濟正處於緩慢復甦狀態，這個結論主要基於美國的經濟狀況超出預期，在就業方面表現突出；歐洲央行啟動了融資運作計畫，可以用比較低的利率進行貸款，這就能夠讓更多企業以及中小企業實現融資；為全球整個大宗商品市場樹立了足夠的信心。因此，這些跡象都很好。如果以下各項為真，最有可能成為上述論證前提的是？

A. 專家先前對美國經濟表示不樂觀

B. 歐洲央行原有利率較高，銀根緊

C. 非歐美國家的經濟狀況保持穩定

D. 全球大宗商品交易缺乏信心支援

答案：C

解析：這道題的論據是美國好、歐洲好。論點則是全球經濟好。全球＝歐美＋非歐美。

（　　）7.在生活中，我們經常看到小女孩喜歡的玩具多是洋娃娃，小男孩喜歡的玩具多是汽車、輪船，這是孩子天生本能反應還是後天因素造成的？為了研究這個問題，研究人員做了一項實驗，他們讓3到8個月大的嬰兒觀察不同的玩具，發現女嬰盯著粉色洋娃娃看的時間長於玩具卡車，而男嬰盯著藍色卡車的時間要比粉色洋娃娃更多。因此，研究者認為嬰兒對玩具的偏好或許由性別基因決定的。上述結論所隱含的假設是什麼？

A. 嬰兒對所有的新鮮事物關注的時間都長
B. 嬰兒對玩具的愛好不受玩具顏色的影響
C. 玩具卡車和洋娃娃的形狀不同，對嬰兒的注意力產生影響不明顯
D. 嬰兒更容易注意到和自己衣服一樣顏色的玩具

答案：B
解析：運用排除法，排除條件中的其他因素。

（　　）8.隨著社會的發展，我們會發現很多技術真的讓我們既愛又恨。有些技術從人們感到陌生到完全認知，只需要幾十年時間，發展趨勢快得讓人不敢掉以輕心。最引人注目的是機器人技術。在近幾年來，人工智慧前進的步伐將機器人帶到了新領域，它們不但眼耳口鼻，就連行為和思考似乎都達到了新的高度。不過，這種改變讓人類似乎很難真的意識到機器人意味著什麼，或者說，人類未必做好了應對這一改變的充足準備。

於是針對這個問題，美國《國家地理雜誌》以〈我們，與他們〉為題撰寫了一篇文章，試圖＿＿＿＿＿＿。填入畫橫線部分的內容，下面哪句最恰當？

    A. 揭開人工智慧機器人的神秘面紗

    B. 讓人類看到智慧型機器人的威脅性

    C. 說明目前機器人是無法與人類思維相抗衡的

    D. 探究機器人和人類當前的關係及未來發展

答案：D

解析：主題詞是機器人與人。

（   ）9.美國著名學者伊頓曾預言：「我們深信，在不久的將來，我們國家的最高經濟利益，將主要取決於我們同胞的創造才智，而不取決於自然資源。」從今天來看，伊頓的預言顯然已經變為現實。全球金融危機導致能源和礦產資源價格急劇上漲，世界經濟出現滯漲風險的苗頭，與此同時，國民的創新能力得到許多國家前所未有的重視。這段文字是在強調？

    A. 人力資源對經濟增長越來越重要

    B. 自然資源價格受到金融危機的衝擊

    C. 國家要發展必須充分發揮國民的創造能力

    D. 國民素質的高低將決定國家發展快慢

（　）10.經過調查發現，人類的平均壽命在增長，但是人類癌症發生率也越來越高。在分析原因的時候，很多人會把它歸結為現代食物的品質越來越差，於是就有人時不時發出「某某食物致癌」的言論總能吸引一堆目光。如果致癌的食物跟現代技術有關，_____。填入畫橫線部分最恰當的一句是？

　　A.那就更容易得到公眾的普遍認同

　　B.那就應該弄清楚為什麼出現致癌食物

　　C.那也不能阻撓現代技術發展

　　D.那麼這些結論就很重要

答案：A

解析：就近原則，「總能吸引一堆目光」跟「普遍認同對應」。

二、邏輯學問答題

1.有100個柳丁，分別放進10個籃子裡，每個籃子放10個，其中有9個籃子中每個柳丁的重量都是1斤，另一個籃子中每個柳丁都是0.9斤，但是從外表似乎看不出來差異，如果用眼睛和手摸都無法進行分辨，現在就要你用一台普通的大秤一次將這籃重量較輕的柳丁找出來，該怎麼做呢？

解答：將10籃柳丁編成1～10號，再按照編號從10籃柳丁中取出與編號相同數量的柳丁，比如編號1，就取出1個柳丁，編號2，就取出2個柳丁，10籃共取出了55個柳丁。如果每個柳丁都是1斤，那麼55個柳丁就是55斤，但這裡不會是55斤，而是在54.9～55斤之間。如果稱重的結果比55還少$0.1 \times N$斤，N就代表了對應的籃子編號。

2.古代有位農民被當地一名地主誣陷，地主想要霸佔農民的田地，農民將地主告上公堂，無奈，地主給縣官送了大禮，縣官想要處死農民，於是想出了一個壞主意，縣官對農民說道：「這裡有5張字條，其中4張上面寫了『死』字，只有一張上寫了『生』字，從中選一張字條，如果 你是冤枉的，那麼老天爺一定不會讓你冤死，你如果不是冤枉的，肯定會選到『死』字，選『生』字我就放了你，選到『死』字，我就只能殺了你。」其實，縣官將5張字條上都寫了「死」字。農民已經猜到5張字條上都是寫的「死」字，他要如何做才能救自己呢？

解答：農民可以隨意選擇一張字條，迅速吞進肚子裡，然後對縣官說：「我吃下去的如果是『生』字，那剩下4張就會是『死』字，我吃下去的是『死』字，那剩下的4張字條中肯定有一張是『生』字。」

3.古時候，一位老人奄奄一息，他有兩個兒子，便將兒子叫到床前，對兩個兒子說：「我們家有一些財產，你們兩個人，騎馬去東山，然後再回來，誰的馬跑得慢，財產就歸誰。」兩個兒子聽了，不慌不忙地上了馬，慢悠悠地向東山的方向騎去。在途中，遇到一位智者，智者說了一句話，兩個兒子瞬間加快了速度，快馬加鞭地朝著東山奔去。請問這位智者說了一句什麼話？

解答：智者說：「你們二人將馬換過來騎。」

4.每天早晨，父母都會將孩子送到幼兒園，可是小麗卻發現，有些人既沒有抱孩子，又不是幼兒園的工作人員，這些人也去了幼兒園，小麗不明白這些人去幼兒園幹什麼了。

解答：這些人是幼兒園中稍微大一些的孩子，他們不用父母送，自己去幼兒園。

5.在古代有一個奇怪的城池，城裡一邊住著好人，一邊住著騙子，城門左右各站了一個人，其中一個是好人，一個是騙子，好人都說真話，騙子都說假話。有個書生到了這裡，他忘記哪邊的人是好人了，如果問錯了人，很可能走進騙子住的地方吃虧上當。這個時候，書生要怎麼辦？

解答：書生可以同時問兩個人：「如果我問對面那個人，應該往哪邊走，他會怎麼告訴我？」這個問題會導致兩個人說出相反的回答，兩個回答能夠統一成一個結果。

國家圖書館出版品預行編目（CIP）資料

邏輯學入門課/劉漠著. -- 初版. -- 臺中市：晨星出版有限公司, 2022.12
　　288面；　16.5×22.5公分. -- (Guide Book ; 272)
　　ISBN　978-626-320-282-5（平裝）

　　1.CST: 邏輯

150　　　　　　　　　　　　　　　　　　　111016411

Guide Book 272

邏輯學入門課
66堂邏輯思維訓練課，保持思路清晰的必備之書

作者	劉漠
編輯	余順琪
特約編輯	楊荏喩
封面設計	耶麗米工作室
美術編輯	陳佩幸

創辦人	陳銘民
發行所	晨星出版有限公司
	407台中市西屯區工業30路1號1樓
	TEL：04-23595820　FAX：04-23550581
	E-mail：service-taipei@morningstar.com.tw
	http://star.morningstar.com.tw
	行政院新聞局局版台業字第2500號
法律顧問	陳思成律師
初版	西元2022年12月01日
初版三刷	西元2024年06月15日

讀者服務專線	TEL：02-23672044／04-23595819#212
讀者傳真專線	FAX：02-23635741／04-23595493
讀者專用信箱	service@morningstar.com.tw
網路書店	http://www.morningstar.com.tw
郵政畫撥	15060393（知己圖書股份有限公司）

線上讀者回函

印刷	上好印刷股份有限公司

定價 330 元
（如書籍有缺頁或破損，請寄回更換）
ISBN：978-626-320-282-5

| 最新、最快、最實用的第一手資訊都在這裡 |